Einführung in die islamische Soziale Arbeit und Religionssoziologie

Dr. Cemil Şahinöz

Nachdruck oder Vervielfältigungen, auch auszugsweise, bedürfen der schriftlichen Zustimmung des Autors.

Herstellung und Verlag:

BoD- Books on Demand, Norderstedt

ISBN 9783751920087

Inhalt

3

Vorwort

Islamische Soziale Arbeit und Religionssoziologie sind in den Sozialwissenschaften bisher keine Fragestellungen, die eine größere Aufmerksamkeit gefunden haben. Während die islamische Soziale Arbeit aber auf Grund der gesellschaftlichen Entwicklungen zunehmend Interesse erweckt, blieb die islamische Religionssoziologie im Schatten sozialwissenschaftlichen Interesses. So tauchen die Themen islamische Soziale Arbeit und Religionssoziologie am Rande mancher Arbeit auf.

Die Fragen beider Sachgebiete gewinnen jedoch zunehmend öffentliches Interesse. Umso wichtiger ist die Erforschung dieser Themenfelder. Die vorliegende Arbeit wendet sich daher diesen Fachgebieten, vornehmlich vom Standpunkt des Islams bzw. der Muslime in Deutschland.

Die Arbeit ist in zwei Teile aufgeteilt. Beide Themenfelder werden separat voneinander betrachtet. Im Bereich der Sozialen Arbeit werden die Themen Moscheen als Orte der Sozialen Arbeit, Seelsorge und Wohlfahrtpflege betrachtet. Im Abschnitt Religionssoziologie stehen dann u.a. Religiosität, Säkularismus und Orthopraxie im Fokus. Diese Auswahl musste getroffen werden, da es sich in dieser Arbeit um eine erste Einführung handelt.

Sowohl im Bereich der Sozialen Arbeit als auch in der Religionssoziologie geht es jedoch nicht darum, zu bestimmen, was diese im Grunde ausmacht. Ziel der Arbeit ist es nicht, Soziale Arbeit und Religionssoziologie in ihrer Geschichte, Entwicklung und Theorie detailliert darzustellen, sondern beide Disziplinen im Kontext des Islams zu betrachten.

Dr. Cemil Şahinöz

Islamische Soziale Arbeit

Soziale Arbeit

Soziale Arbeit im Migrationskontext wird immer bedeutender. Personen, die in diesen Berufsfeldern unterwegs sind, können nicht umher, als sich mit dem Thema der Migration zu befassen.

Gleichzeitig steigt der Bedarf nach kultursensibler Sozialen Arbeit. Die Klientel der Sozialen Arbeit hat sich gewandelt. Menschen unterschiedlichster Kulturen, Sprachen und Religionen sind sowohl Anbieter als auch Nachfrager von Sozialer Arbeit.

Umso wichtiger ist es, sensibilisiert und in Augenhöhe mit anderen Kulturen zu kommunizieren (vgl. Şahinöz, 2020b).

Ein Bereich, der hier vor allem im Universitären[1] und im Ehrenamt seine Gestaltung findet, ist die islamische Soziale Arbeit. Ziel dieses Feldes ist es nicht, eine Soziale Arbeit von und für Muslime zu gestalten, sondern zu schauen, welche Aspekte von Sozialer Arbeit aus dem Islam als Religion[2] herausgezogen werden können ohne das Neutralitätsprinzip zu verletzen.

---

[1] Soziale Arbeit im Allgemeinen wurde in Deutschland erst 2001 als Fachwissenschaft anerkannt.
[2] Analog zum Christentum: Diakonie und Caritas.

8

Soziale Aspekte des Islams

Der soziale Aspekt des Islams wird in verschiedenen Formen deutlich und zum Ausdruck gebracht. So wird im Koran die Fürsorge für Eltern, Nachbarn, Gäste, Kranke, Waisen und Arme mehrfach betont. Besonders die Sorge um Waisen und Arme wird immer wieder thematisiert (Koran, 4:2-3, 4:6, 4:8, 4:10, 4:36, 4:127, 8:41, 6:152, 17:34, 93:9-10, 2:83, 2:177, 2:220).

In diesem Sinne sagte der Prophet Muhammed: „Der Beste unter den Menschen ist derjenige, der seinen Mitmenschen am nützlichsten ist" (Şeybani, Dschamiu's Sagir; Tabarani, 5787), „Wer von euch seinem Bruder helfen (von Nutzen sein) kann, der soll das tun" (Muslim, 4077) und „Jemand ist in seinem Glauben solange nicht vollkommen, bis er für seinen Bruder in Liebe das tut, was er auch für sich selbst liebt" (Buhari, 1, 12). Im Koran heißt es: „Darum unterdrücke nicht die Waise und fahre nicht den Bettler (Bittenden) an" (Koran, 93:9-10).

Demnach regte der Prophet an, Hilfestellung für Bedürftige zu leisten: „Einem Menschen in seiner Hilfslosigkeit beizustehen ist eine Sadaqa (Spende)." (Tirmidhi, 1992, Birr, 36) und „Wer es einem Menschen in Bedrängnis erleichtert, dem wird es Gott in dieser Welt und im Jenseits erleichtern" (Muslim, 2699).

Die Nachbarschaftspflege ist ein wichtiger sozialer Aspekt im Islam, den der Prophet ebenfalls stets betonte: „Wenn du Suppe kochst, füge mehr Wasser hinzu, und denke an deine Nachbarn" (Muslim), „Wer an Gott glaubt und an den Jüngsten Tag, soll seinem Nachbarn nicht schaden; und wer an Gott glaubt und an den Jüngsten Tag, soll seinen Gast großzügig behandeln; und wer an Gott glaubt und an den Jüngsten Tag, soll Gutes sprechen oder schweigen!" (Buhari; Muslim; Nawawi, 308) und „(Der Engel) Gabriel empfahl mir so oft die gute Behandlung des Nachbarn, dass ich beinahe dachte, er würde ihn vielleicht zum Erben einsetzen" (Nawawi, 303).

Kranke zu besuchen, ist eine ausgiebig gelebte Tradition in islamischen Gemeinden. So sagte der Prophet: „Wenn ihr einen Kranken besucht, beruhigt ihn, indem ihr ihm Gesundheit und ein langes Leben wünscht. Dies wird sein Herz erfreuen" (Tirmidhi, Tib, 35) und „Wer immer einen Kranken besucht, der taucht in die Barmherzigkeit Gottes ein" (Al Munzari, 6/456).

Eltern- und Altenpflege war für den Propheten zentral: „Das Paradies ist unter den Füßen der Mütter" (Aişe, 1987, S. 165; Ibn Abdillberr, 1992), „Gott hat ausdrücklich verboten, sich schlecht gegenüber den Eltern zu verhalten" (Şeybani, Dschamiu´s Sagir) und „Wer (seinen) Kindern keine Zärtlichkeit erweist, älteren Menschen keine Ehre und Hochachtung zeigt, gehört nicht zu uns (eurer Gemeinde)" (Tirmidhi, Birr, 15; Abu Dawud, Edeb, 58; Ahmed bin Hanbal, Musnad, B. 1, 257; Nawawi, B. 1, S. 387). Im Koran heißt es: „Dein Herr hat strikt geboten: Verehret keinen außer Gott (Unterwerft euch nur dem Schöpfer) und erweiset euren Eltern Güte (und benehmt euch gegenüber euren Eltern gut). Wenn eines von ihnen oder beide bei dir ein hohes Alter erreichen, sage nie ´Pfui!´ (oder etwas ähnlich negatives) zu ihnen, und stoße sie nicht zurück, sondern sprich zu ihnen ein ehrerbietiges Wort. Und strecke deine Mitleidsflügel behutsam über sie aus und bete für sie wie folgt: 'Mein Herr, erbarme Dich ihrer, so wie sie mich als kleines Kind betreuten'" (Koran, 17:23-24).

Auch finanzielle Hilfen bilden in islamischen Gemeinschaften ein wichtiges Hilfesystem. Zum einen gibt es die jährliche Pflichtabgabe Zakat[3] (Koran, 9:5, 9:11, 2:177, 2:83, 5:12). Hierfür wird einmal im Jahr mindestens 2,5% des eigenen Vermögens an Bedürftige gespendet. Dadurch soll die Brücke zwischen Arm und Reich hergestellt werden. Weder sollen die Armen die Reichen beneiden noch die Reichen die Armen unterdrücken. Diese Spende wird als Recht der Bedürftigen verstanden. Ein Bedürftiger könnte also dementsprechend diese Spende auch einfordern.

Zudem gibt es die Sadaqa-Spende, welches man mit einer gewöhnlichen Spende vergleichen kann. Dabei geht es jedoch nicht nur um materielle Spenden, sondern der Prophet Muhammed bezeichnete z.B. auch das Lächeln

---

[3] Zakat wird üblicherweise als "Armensteuer", "Armenabgabe" oder "Almosensteuer" übersetzt. Da es Zakat in der christlichen Terminologie nicht gibt, ist jede Übersetzung unzureichend. Zakat bedeutet wortwörtlich "reinigen". Der Muslim geht davon aus, dass all sein Vermögen durch Gott ermöglicht wurde. Gott erschafft die Mittel (z.B. Arbeitsplatz, Gesundheit) und die Möglichkeiten und der Mensch verdient sein Vermögen. Doch dieses Vermögen gilt gleichzeitig auch als eine Prüfung. Gott prüft, ob man Dankbarkeit zeigt und man in der Lage ist, Denjenigen zu spenden, die weniger haben. Zakat ist ein Ausdruck dieser Dankbarkeit und Spende. Das eigene Vermögen wird von dem Teil gereinigt, der denen zusteht, die weniger haben.

als Spende des Gesichts: „Dein Lächeln ins Gesicht deines Bruders stellt für dich ein Almosen dar. Gutes zu gebieten und das Schlechte zu verbieten ist ein Almosen. Einem Menschen den rechten Weg zu zeigen, wenn er sich in einem Land verirrt hat, ist für dich ein Almosen. Für einen Menschen, der schlecht sieht, zu sehen (also einen Blinden zu führen), ist ein Almosen. Die Beseitigung von Steinen (Felsblöcken), Dornen und Knochen von den Wegen (Straßen) ist für dich ein Almosen. Das Ausgießen des Wassers von deinem Eimer in den Eimer deines Bruders ist für dich auch ein Almosen" (Tirmidhi, Birr, 36, 1956).

Im Osmanischen Reich gab es das System der Sadaqa-Steine. Die Sadaqa-Steine waren ungefähr ein Meter große Steine mit einem Loch drin. In das Loch wurde Geld eingegeben und Bedürftige konnten sich aus den Steinen Geld für ihren Bedarf holen. Dieses Steine-System existiert auch heute noch in einigen Moscheen in der Türkei.

Auch das Opferfest, als eins der zwei islamischen Feiertage, ist ein Ausdruck des sozialen Engagements. Zum Opferfest wird Fleisch als Lebensmittel an bedürftige Personen verteilt.

12

Islamische Soziale Arbeit

Theologisch findet man demnach viele Aspekte der Sozialen Arbeit im Islam. Die eben genannten Konzepte wie Nachbarschaftspflege, Krankenbesuche, Altenpflege und Verwandtenpflege (vgl. Şahinöz, 2018, S. 55-63) haben ein hohes Maß an sozialem Engagement im Alltag hervorgerufen.

Omar, der zweite Khalif des Islams, sorgte im 7. Jhr. für die Verbreitung von Wohlfahrtseinrichtungen, in denen Soziale Arbeit für die Gemeinschaft geleistet wurde.

Ab dem 8. Jhr. entstanden in vielen muslimischen Gemeinschaften Stiftungen (Awkaf), in denen Bedürftige Hilfe und Schutz erhielten. Diese Stiftungen leisteten Tätigkeiten, die man von hiesigen Wohlfahrtsverbänden kennt.

Zur gleichen Zeit entstanden auch Krankenhäuser in muslimischen Gemeinschaften. Diese waren davon gekennzeichnet, dass nicht nur körperliche, sondern auch psychische und soziale Aspekte der Gesundheit betrachtet wurden. So befanden sich viele dieser Krankenhäuser direkt neben Moscheen, um auch die Spiritualität anzusprechen.

Ab dem 12. Jhr. gab es Rehabilitationszentren für Kranke und Menschen mit Behinderungen. Auch hier wurde die medizinische Behandlung mit der sozialen und psychischen verbunden.

Der Osmanische Sultan Abdülhamid II. errichtete schließlich 1895 die "Darülacaze" ("Haus der Bedürftigen und Schwachen"), welches heute noch aktiv und tätig ist. Die Darülacaze ist eine wichtige Unterkunft für Bedürftige, wo auch auf die religiösen Bedürfnisse von z.B. Juden und Christen eingegangen wird. So gibt es in der Einrichtung nicht nur eine Moschee, sondern auch eine Kirche und eine Synagoge.

Die Sufiorden leisteten wichtige Soziale Arbeit im Alltag. Viele Bedürftige wandten sich an diese Orden und erhielten Unterstützung. Die Sufiorden entwickelten auch den Grundstein einer Therapie mit Musik und Klängen. „Zurzeit der Abbasiden und darüber hinaus im Osmanischen Reich wurden Geisteskranke in Heilanstalten, die man Dâr asch-Schifâ nannte, durch Koranvorträge, Wassertropfen und -geräusche, durch die Klänge der Rohrflöte (Ney) und durch Wohlgerüche, insbesondere von Blumen, behandelt. In solchen Therapieanstalten wurden in verschiedenen Tonarten (Maqâm) und mit Instrumenten die Geisteskranken – je nach der Krankheit – behandelt, wobei Musiktherapeuten in diesen Anstalten fest angestellt waren" (Takim, 2016, S. 27). „Man kannte [also] die therapeutische Wirkung der Musik und wandte sie zur Heilung oder zumindest Beruhigung von Geisteskranken an – das Becken in der 1228 erbauten Schifa'iye von Divrigi, Anatolien, in dem der Klang von Wassertropfen zur Behandlung diente, oder der Musiksaal in der Muradiye in Edirne sind die Reste solcher Therapieräume." (Schimmel, 1995, S. 127; h.z.n. Takim, 2016, S. 27). Zur Heilung wurden demnach nicht nur Medikamente, sondern auch Koranlesungen, Musik und Düfte verwendet (Şahinöz, 2018, S. 31-32).

14

Moscheen und Stiftungen als Orte der Sozialen Arbeit

Die lange Tradition der Sozialen Arbeit im Islam, die in der Vergangenheit vor allem von Stiftungen erfüllt wurde, wird in Europa gegenwärtig von Moscheevereinen fortgeführt, so findet praktisch gesehen Soziale Arbeit in vielen Moscheegemeinden statt. In welchem Grad sie jedoch stattfindet, hängt davon ab, wie die zeitlichen und personellen Kapazitäten und Ressourcen der Moscheegemeinde sind. Diese sind auf Grund der überwiegend ehrenamtlichen Tätigkeiten recht unterschiedlich.

In den 60ern bis 80ern widmeten sich die Moscheegemeinden den sozialen Bedürfnissen der Gastarbeiter. Je länger die Gastarbeiter blieben, desto mehr neue Bedürfnisse entstanden. Sie wollten ihre Kultur und Muttersprache beibehalten, sie wollten Orte zum Beten, islamischen Religionsunterricht und auch gewerkschaftliche Vertretungen der muslimischen Arbeiter.

In den 90ern wiederum entwickelte sich ein Diasporaislam, da nun die eigenen Kinder, die in Deutschland geboren wurden, hier zu Schulen gingen und hier sozialisiert wurden. Plötzlich gab es also neue Fragen zu bewältigen. Von nun an widmete man sich den Problemen der Muslime in Deutschland. Die Moscheevereine wandelten sich zu sozialen Unterstützungsdiensten.

Immer größere Moscheen wurden gebaut und die Aktivitäten ausgebreitet. „Sie (die Moscheen; Anmerkung des Autors) waren Lebensräume, in denen man soziale Beziehungen pflegte" (Schiffauer, 2004, S. 82; vgl. Schiffauer, 1998, S. 423; 2003, S. 147). Sie sind mehr als „Orte des Gottesdienstes oder des Gebetes, sie werden zu echten Gemeindezentren mit verschiedenen pädagogischen und sozialen Funktionen und Diensten, zu Heimatstätten von Geselligkeit und Freizeitaktivitäten sowie von aufgabenorientierten Netzwerkvereinigungen" (Casanova, 2006, S. 203). So sind Moscheen Gebäudekomplexe, in denen die religiösen, sozialen und kulturellen Bedürfnisse der Muslime gelebt werden.

Heute werden unterschiedliche Bereiche der Sozialen Arbeit in den Moscheegemeinden angeboten, wie z.B. Familienberatung, Jugendarbeit, Seniorenarbeit, Bildungsangebote, Freizeitangebote, Konfliktmediation, Sterbebegleitung, Seelsorge, Hausaufgabenhilfe, Streetwork, Kranken- und Gefängnisbesuche.

Laut der 2012 durchgeführten DIK-Studie "Islamisches Gemeindeleben in Deutschland" bieten „mehr als 40% der Moscheegemeinden ihren Mitgliedern Sozial- und Erziehungsberatung an. Mehr als 50% der Gemeinden unterstützen Schülerinnen und Schüler bei ihren Hausaufgaben, rund 36% leisten für ihre Mitglieder Gesundheitsberatung. Bei Pflichtleistungen von Jugendämtern, wie Hilfe zur Erziehung (HzE) oder sozialpädagogische Familienhilfe (SPFH) sind muslimische Akteure der Wohlfahrtsarbeit nicht mehr wegzudenken" (Charchira, 2014).

Diese sozialen Dienstleistungen werden von der Öffentlichkeit unbeachtet und ehrenamtlich geleistet. So leisten die muslimischen Vereine ohne finanzielle Unterstützung ein immenses ehrenamtliches Engagement, was selten in der Öffentlichkeit gesehen wird. Die nötige öffentliche Wertschätzung fällt daher meistens aus.

Den Moscheevereinen fehlt es jedoch an finanziellen Mitteln und Ressourcen, speziell an Hauptamtlichen. Ehrenamtlichkeit ist aber nur begrenzt und in bestimmten Rahmen machbar. Daher kommen vielerorts die nötigen Vernetzungen mit lokalen Akteuren nicht zu Stande oder Begrenzen sich auf einzelne wenige Projekte.

Hinzu kommt, dass diese Leistungen gegenwärtig nicht mehr ehrenamtlich angeboten werden können, da der Alltag komplexer wird und Zeitressourcen immer knapper werden. Daher führt die Entwicklung in Richtung von professionalisierten und institutionalisierten Wohlfahrtsverbänden.

Die muslimischen Organisationen in Deutschland

Der Fremde unterscheidet sich vom Besucher oder Wanderer, da er nicht „heute kommt und morgen geht, sondern [...] heute kommt und morgen bleibt" (Simmel, 1908, S. 509; vgl. Schütz, 1972). Als Ende der 50er Jahre die ersten türkischen Gastarbeiter nach Deutschland kamen, hatten sie den Gedanken, sich finanziell zu stärken und wieder in die Türkei zurückzukehren. Als das Letztere nicht verwirklicht wurde und das Erstere immer verlockender wurde, sollten aus den Gästen irgendwann Einheimische werden.

Als eine Rückkehr nicht mehr in Frage kam, wurden die ersten Vereine gegründet, um die Heimat in der Fremde zu leben. Diese Vereine dienten zur Identitäts- und Orientierungsstiftung in der Fremde. Sie waren Orte der Begegnung und der Lehre und waren wie eine „zweite Heimat, Orte der festen sozialen Beziehungen, des Rückhalts, der seelischen Stabilisierungen und gleichzeitig der sozialen Kontrolle" (Schiffauer, 2004, S. 69). In Wohnheimen, Fabriken oder unbenutzten Zugwagons wurden die ersten Gebetsräume eingerichtet. Diese ersten "Moscheen" waren die sogenannten "Hinterhofmoscheen", abgetrennt vom öffentlichen Leben. Sie waren eher Bunker oder leer stehende Wohnungen, als Moscheen. Sie waren also wie Inseln, die ein Stück Heimat boten (vgl. Utermann, 1995, S. 10). So konnte die Fremdheit und die Einsamkeit durch das Zusammenkommen der Muslime und durch das Bewusstmachen der Gegenwart Gottes vergessen

18

werden. Es dauerte aber lange, bis der unsichtbare Islam der Väter durch den sichtbaren Islam der Söhne ersetzt wurde.

Die Süleymancıs waren die ersten, die zahlreiche Einzelmoscheen zu einem Verband zusammenführten. 1973 gründeten sie den heutigen VIKZ. Dem folgte 1976 die Milli Görüş. Der religiöse Arm der türkischen Diyanet zog mit DİTİB erst 1984 nach. An dieser Stellen sollen einige der bekannten islamischen Moscheevereine vorgestellt werden[4] (Şahinöz, 2011, S. 26ff):

DİTİB

- "Türkisch-Islamische Union der Anstalt für Religionsangelegenheiten"
- mitgliederstärkster Verband in Deutschland
- ist ein eigener Dachverband, dem ca. 900 Vereine und 120.000 Mitglieder angehören
- Diyanet wurde vom türkischen Staat 1924 in der Türkei mit dem Ziel eingerichtet, die Religionsausübung in der Türkei umfassend zu organisieren
- Durch Diyanet ist der Islam in der Türkei unter der Aufsicht des Staates
- DİTİB ist der deutsche Ableger des Diyanet

---

[4] Zumeist türkisch-sunnitisch, darüber hinaus gibt es aber auch viele marokkanische, bosnische, albanische, afrikanische, arabische und unabhängige Vereine.

- DİTİB ist als türkische Regierungsorganisation dem offiziellen Prinzip des Laizismus (Trennung von Staat und Religion) verpflichtet
- DİTİB wurde in Deutschland 1984 mit Hilfe des türkischen Staates mit 15 Moscheen gegründet
- Entstand nicht als "Selbstorganisation", sondern als eine staatlich organisierte Betreuung von Auswanderern
- Anfangs enge Kontrolle von Ankara; wenig Spielraum für eigene Initiativen -> hinderte an der Entwicklung von eigenen Positionen, die den Bedürfnissen der Gläubigen in Europa Rechnung tragen würden; heute viel flexibler, unabhängiger und zielgruppenorientierter
- Als Organisation ist DİTİB eine staatliche Bürokratie
- Viele religiöse Strömungen finden sich in den Vereinen von DİTİB wieder
- Moscheevereine, Kulturzentren, Sportvereine, Elternvereine, Telefonische Familien- und Sozialberatung, Reiseunternehmen, Beerdigungsunternehmen, Zeitungen, Zeitschriften, Buchverlag
- Vereine sind rechtlich selbstständig und unabhängig
- Die Imame werden in der Türkei ausgebildet und für mehrere Jahre nach einer bestandenen Prüfung nach Deutschland geschickt
- Auch in Deutschland werden Imame ausgebildet
- Literatur: Seufert 1999a

IGMG (Milli Görüş)

- "Islamische Gemeinschaft Milli Görüş"
- Bis 1995 unter dem Namen AMGT; der Namenswechsel zeigt einen Richtungswechsel der Milli Görüş; aus dem türkischen Namen AMGT (deutsch: Europäische Gemeinschaft Milli Görüş) wurde der deutsche Name IGMG (Islamische Gemeinschaft Milli Görüş).
- 1969 Erbakan und Parteigründung in der Türkei; Partei wurde mehrmals in der Türkei verboten
- 1976 in Deutschland gegründet
- Ca. 300 Gemeinden; 57.000 Mitglieder
- Moscheen unter dem Namen „Europäische Moscheebau- und Unterstützungsgemeinschaft e.V. (EMUG)"
- Sind im Dachverband Islamrat organisiert
- Moscheevereine, Kulturzentren, Sportvereine, Hilfsorganisationen, Beerdigungsunternehmen, Zeitungen, Zeitschriften, Buchverlag
- Prediger sind aus der Türkei; früher öfters auch ehemalige DİTİB Prediger, die in Rente gegangen waren
- Ursprüngliche Inhalte wurden immer mehr durch die nächsten Generationen relativiert
- Probleme der Muslime in Europa sind nun primär -> Hinwendung zu Europa; Europa als Heimat; Initiativen zur Erlangung der deutschen Staatsbürgerschaft
- Verfassungsschutz beobachtet die IGMG nicht mehr
- Literatur: Schiffauer, 2004, 2010; Seufert 1999b

21

Nurculuk-Bewegung

- Begründer: Said Nursi (1876 – 1960)
- Nur = Licht
- Intellektuell geprägte Bewegung
- Nursi strebte eine Versöhnung von moderner Wissenschaft und Theologie an
- Nursi vereinbart in seinen Texten Tradition und Moderne, Freiheit und Glaube, Religion und Wissenschaft
- Seit 1971 in Deutschland
- Ca. 70 Einrichtungen; 5000 Mitglieder
- Dachverband ERNA (European Risale-i Nur Association); sind auch im Islamrat vertreten
- Zeitgemäße Interpretation des Korans
- Die Anhänger lesen die Texte von Said Nursi -> die Risale-i Nur (Interpretationen des Koran; Kurz Risale)
- Es werden keine Moscheen gegründet, sondern Madaris (theologische Ausbildungsstätten)
- Zeitschriften, Buchverlage
- Regelmäßige Unterrichtsreihen in den Madaris, an denen auch andere muslimische Gruppen teilnehmen
- In Madaris werden die Risales gelesen und Diskurse über verschiedene gesellschaftliche und theologischen Themen geführt
- "Kein Enthusiasmus" -> keine Massenveranstaltungen
- Halten sich aus der aktiven Politik heraus; verurteilen die Instrumentalisierung des Islams für die Politik

- In politischen Debatten quasi unsichtbar
- Werden im soziologischen Diskurs in der Türkei als "Sozialer Islam" bezeichnet
- Viele verschiedene Nurcu Gruppierungen, da kein Leader und keine Zentrale
- Es existieren keine Mitgliederzahlen, keine Statistiken, keine Zentrale, keine Hierarchie, kein Leader
- Literatur: Şahinöz, 2019

VIKZ (Süleymancı)

- "Verband der islamischen Kulturzentren"
- Bis 1980 unter dem Namen IKZ ("Islamisches Kultur-Zentrum Köln)
- Begründer: Süleyman Hilmi Tunahan (1888 – 1959)
- Als Süleymancı oder auch Süleymanlı werden die Anhänger von Süleyman Hilmi Tunahan bezeichnet
- Tunahans Anhängerschaft war eine Gegenreaktion auf die ständigen Verbote und Veränderungen der arabischen Schrift, Sprache und Einheiten in der Türkei
- Tunahan organisierte Korankursbewegungen in der Türkei
- In Deutschland seit 1973; ältester existierender türkisch-islamischer Dachverband in Deutschland
- Ist ein eigener Dachverband, dem ca. 300 Vereine und 20.000 Mitglieder angehören
- Moscheevereine, Kulturzentren

- Gemeinden sind nicht selbstständig, sondern Zweigstellen der Kölner Zentrale
- Prediger kommen aus der Türkei
- Es werden auch eigene Imame in Deutschland ausgebildet
- War stärkster Einzelverband im ZMD; trat aber Ende 2000 aus und gründete eigenen Dachverband
- Im Mittelpunkt der Aktivitäten steht religiöse Meditation und dhikr (Rezitation der Namen Gottes)
- Politisch nicht aktiv
- Werden im soziologischen Diskurs in der Türkei als "Sozialer Islam" bezeichnet
- Struktur: innerer Kreis (Derwişler), äußerer Kreis (Mitglieder)
- Literatus: Jonker, 2002

ATİB

- "Türkisch-Islamische Union in Europa"
- Trennten sich 1987 von den "Grauen Wölfen"
- Ca. 27 Mitgliedsvereine; 2.500 Mitglieder
- Politisch unabhängig; distanzieren sich auch aus der türkischen Politik
- Europaorientiert
- Imame aus der Türkei
- Sind im Dachverband ZMD vertreten
- Moscheevereine, Zeitschriften, Hilfsorganisation, Beerdigungsunternehmen

Sufiorden

- Spirituelle und mystische Bewegungen
- Sufi ist der Anhänger einer solchen Bewegung, die von einem Scheich geführt wird
- In Deutschland findet man viele verschiede Sufi-Orden
- Einrichtungen (tekke), in denen religiöse Meditation und dhikr (Rezitation der Namen Gottes) betrieben werden
- Literatur: Hüttermann, 2002

Gülen Bewegung

- Gründer: Fethullah Gülen (geb. 1941)
- Gülen strebt eine türkisch-islamische Synthese an
- Weltweit Privatschulen in vielen Ländern der Welt
- Seit den 90ern in Deutschland organisiert
- 300 Einrichtungen, 150 Bildungseinrichtungen, 25 Schulen
- Privatschulen, Bildungseinrichtungen, Nachhilfeinstitute, Zeitungen, Zeitschriften, Buchverlage
- Einrichtungen, wie z.B. die Işık Evler, in denen sich die Anhänger der Bewegung treffen
- Einrichtungen, wie z.B. die Bildungseinrichtungen (Dershane), in denen auch Personen arbeiten, die nicht zur Bewegung gehören
- In vielen Städten Deutschlands wurden Nachhilfeinstitute gegründet

- Dutzende Bildungsvereine sind der Gruppe um Gülen zuzuordnen
- Einige Gymnasien gehören ebenfalls zur Bewegung
- Finanziert werden die Einrichtungen von lokalen, türkischen Geschäftsleuten
- Eigenständige Vereine
- "Bund Deutscher Dialog Institutionen", "Forum für Interkulturellen Dialog" und "Stiftung Bildung und Dialog" fungieren wie Dachverbände der Bewegung
- Schwer zu ermitteln, da wenig transparent
- Stehen in der Türkei unter großer Kritik; es wird der Bewegung vorgeworfen einen Staat im Staat aufgebaut und einen Putschversuch initiiert zu haben
- Literatur: Agai, 2006; Şahinöz, 2016b

Salafisten / Wahhabiten

- Begründer des Salafitentums ist Ibn Taymiyya (1263–1328)
- Ihre Wurzel liegen bei den Charidschiten und in der Hanbalitischen Rechtsschule
- Abdul Wahhab (1703-1792) ist Begründer des Wahhabismus
- Die Grenze zwischen Salafisten und Wahhabiten ist in Deutschland fließend
- Orientieren sich an die „"Vorfahren" und am "Ursprung"; dies sei der "ursprüngliche" Islam
- Versuchen das 7. Jhr. in der Gegenwart zu leben

- Alltägliche Handlungen werden aus der Zeit des Propheten komplett übernommen (wie z.B. Kleidung, Essen), ohne den Kontext zu beachten
- Akzeptieren nur zwei Quellen für den Islam: Koran und Sunna (Traditionen des Propheten Muhammed)
- Die Quellen Idschma (Konsens der Gelehrten) und Qiyas (Analogieschluss) werden nicht beachtet
- Theologische Entwicklungen werden nicht toleriert
- Koranverständnis ist ein buchstäbliches
- Werfen den anderen Muslimen verwerfliche Neuerungen (Bid´a) zu
- Islamische Philosophie (Kalam) oder die Sufiorden werden als unislamisch betrachtet
- Die vier Rechtsschulen werden nicht anerkannt, weil sie ebenfalls später entstanden
- Osama bin Laden, Taliban, Daesh (IS) und Al-Qa´ida sind salafistisch
- Geistiges Zentrum ist Saudi-Arabien
- Breitete sich Anfang des 20. Jhr. noch einmal aus
- Einige Konvertiten schließen sich diesen Gruppen an, da sie eine komplett neue Identität suchen; sie werden dadurch nicht nur Muslime, sondern auch zu "Arabern"
- Literatur: Şahinöz, 2016a

Islamrat für die Bundesrepublik Deutschland

- Dachverband
- 1986 gegründet
- 17 Bundesverbände, 10 Landesverbände, 10 lokale Vereinigungen
- Ca. 40 Mitgliedsvereine; 65.000 Mitglieder
- Größtes Mitglied: Milli Görüş

Zentralrat der Muslime in Deutschland (ZMD)

- Dachverband
- Ca. 40 Mitgliedsvereine; 10.000 Mitglieder
- Ethnienübergreifender Zusammenschluss von islamischen Organisationen in Deutschland
- Ging 1994 aus dem "Islamischen Arbeitskreis in Deutschland hervor"
- Das deutsche Element spielt in der Institution eine bedeutende Rolle

Koordinationsrat der Muslime in Deutschland (KRM)

- Wurde 2007 gegründet
- Spitzenverband der vier größten islamischen Dachverbände in Deutschland (ZMD, DİTİB, Islamrat, VIKZ)

28

Islamische Gemeinschaft der schiitischen Gemeinden Deutschlands

- Wurde 2009 gegründet
- Dachverband der schiitischen Gemeinden
- Deutschlandweit gibt es ca. 138 schiitische Vereine

Islamische Gemeinschaft der Bosniaken in Deutschland

- Wurde 1994 gegründet
- Ca. 80 Mitgliedsvereine

Dachverband der Marokkanischen Vereine

- Wurde 1999 gegründet
- Ca. 15 Mitgliedsvereine

Islamische Seelsorgeangebote in Deutschland und anderen Ländern

Laut Schätzungen leben ca. 4,9 Millionen Muslime in Deutschland. Da Muslime nirgends als Muslime registriert sind und es keine Institution gibt, die alle Muslime erhebt, gibt es nur Schätzzahlen. Fakt ist jedoch, dass Millionen von Muslimen in Deutschland leben und die meisten von ihnen inzwischen schon in Deutschland geboren sind. Für die in Europa geborenen und sozialisierten Muslime ergeben sich dabei auch neue Themen und neue Fragen.

So sind die Themen "Islamische Seelsorge" (Şahinöz, 2018) und "Islamische Wohlfahrtspflege" (Ceylan, Kiefer, 2015) gegenwärtig zwei der wichtigsten Diskussionspunkte in der muslimischen Community in Deutschland und insgesamt Europa. Aber nicht nur unter den Muslimen, sondern auch auf der politischen und gesamtgesellschaftlichen Ebene werden beide Themenbereiche immer zentraler. So sind sie schon seit langem auf der Agenda der Deutschen Islam Konferenz, welches von der Bundesregierung organisiert wird und an der u.a. islamische Dachverbände teilnehmen. Langfristiges Ziel dieser Gespräche ist es, islamische Seelsorge zu etablieren und Wohlfahrtspflege zu institutionalisieren.

Im Folgenden sollen zwei Leitfragen beantwortet werden. Zum einen die Frage nach einer Seelsorge im Islam. Hierfür werden die theologischen und historischen Grundlagen betrachtet. Und zum anderen soll eine

Bestandsaufnahme der gegenwärtigen islamischen Seelsorgeangebote in Deutschland gemacht werden.

Seelsorge im Islam

Während im Christentum, vor allem im europäischen Raum, Seelsorge institutionalisiert und professionalisiert ist, übernahmen diese Aufgabe im Islam die nächsten Familienangehörigen, Verwandte und Freunde. Diese leisteten eine Art Alltagsseelsorge. So gibt es im Islam zwar nicht den Begriff der Seelsorge, aber inhaltlich existiert eine Seelsorgetätigkeit (vgl. Şahinöz, Altiner, 2018). Theologische und historische Grundlagen bilden hierfür z.B. irschad (Weisung zum rechten Weg), schura (Beratung), sabr (Geduld), tawakkul (Gottvertrauen) oder die Sicht auf Krankheiten und den Tod.

Sowohl im Koran als auch in den Aussprüchen des Propheten Muhammed finden sich zahlreiche Bereiche und Methoden der Seelsorge. Das bekannteste Narrativ, welches man in diesem Kontext findet, ist folgender: „Gott, der Mächtige und Erhabene, wird am Tage der Auferstehung dem Menschen vorhalten: ´O Kind Adams! Ich erkrankte, doch Du besuchtest Mich nicht!´ Er wird antworten: ´O mein Herr! Wie hätte ich Dich besuchen können, wo Du doch der Herr der Welten bist?´ Gott wird erklären: ´Hast du denn nicht erfahren, dass mein Diener Soundso krank war, und du ihn nicht besuchtest? Hast du denn nicht gewusst, wenn du ihn besucht hättest, hättest du Mich bei ihm gefunden! O Kind Adams! Ich bat Dich um etwas zu essen, doch Mir gabst du nichts zu essen!´ Er wird antworten: ´O mein Herr! Wie hätte ich Dir etwas zu essen geben können, wo Du doch der Herr der Welten bist?' Gott wird erklären: 'Hast du etwa nicht gewusst, dass Mein Diener Soundso dich um etwas zu essen bat? Hast du denn nicht gewusst, wenn du ihm etwas zu essen gegeben hättest, du sicherlich dafür Meine Belohnung erhalten hättest! O Kind Adams! Ich bat dich, Mir (Wasser) zu trinken zu geben, aber du gabst mir nichts zu trinken!' Er wird sagen: 'O mein Herr! Wie hätte ich Dir zu trinken geben können, wo Du doch der Herr der Welten bist?' Gott wird erklären: 'Mein Diener Soundso bat dich um Wasser, doch du gabst ihm nichts zu trinken! Hast du denn nicht gewusst, wenn du ihm zu trinken gegeben hättest, du deinen Lohn dafür bei Mir gefunden hättest?'" (Muslim; Nawawi, 896).

Auch der Prophet Muhammed lebte Seelsorge in der Praxis aus. Zeyd, ein kleiner Junge im Umfeld des Propheten, hatte einen Vogel namens Umeyr. Deshalb nannte der Prophet den Jungen auch Abu Umeyr, was so viel bedeutet wie "Vater des Umeyr". Als Zeyds Vogel starb war er sehr betrübt über diesen Umstand. Der Prophet bemerkte dies und versuchte ihn zu trösten (Tirmidhi, Adab: 3720). In der Biographie des Propheten findet man Dutzende solcher Begegnungen, die Seelsorge widerspiegeln.

Aus Erzählungen wie diesen hat sich in den muslimischen Gemeinschaften ein ausgeprägtes soziales Engagement entwickelt. So wurden diese Traditionen weitergelebt. Im Laufe der Zeit entwickelte sich daher eine Alltagsseelsorge, die z.B. in den Bereichen Krankenbesuch, Nachbarschafts-, Verwandten- und Altenpflege sehr ausgeprägt war (Şahinöz 2018, S. 55-63). Vor allem die Großfamilie bot den notleidenden

Familienmitgliedern Seelsorge an. Öfters waren es auch der Dorfvorsteher oder die Imame, die in Not gerufen wurden.

Die Ressource, dass die Community, Familie und Freunde Alltagsseelsorge leisten, steht aber in einer globalisierten, ausdifferenzierten Gesellschaft nicht mehr in solch einer Form zur Verfügung. Daher benötigen auch Muslime professionelle Seelsorger, die hierfür ausgebildet wurden und in einer Not- und Krisensituation zur Verfügung stehen.

Nicht nur veränderte Familienstrukturen, sondern auch durch die Migration haben sich Problemsituationen ergeben, die stärker eine Seelsorge unter der muslimischen Community bedürfen. Im Vergleich zu Menschen ohne Migrationshintergrund ist der Gesundheitszustand von Menschen mit Migrationshintergrund der ersten und zweiten Generation, insbesondere der türkischen Muslime, oft schlechter, da sie als sogenannte "Gastarbeiter" oftmals harte körperliche Arbeit leisten mussten. Dazu haben sie häufiger psychische Probleme, z.B. auf Grund von Einsamkeit, Orientierungslosigkeit, Entwurzelung, Identitätskrisen, Schuldgefühlen, Verlust an Sicherheit und Gewissheit, sozialem Abstieg, Diskriminierung, verfehlter Lebensplanung (Şahinöz 2018, S. 4; Robert-Koch-Institut 2008; OSF 2010, S. 170ff). Daher ist mit der Migration oft auch eine schwierige Lebensbiographie verbunden, welche wiederum auch zu seelischen Konflikten und Krisen führen kann.

Islamische Seelsorge in Deutschland - Aktuelle Versorgungslage in Deutschland

So entwickeln sich in Deutschland, aber auch in vielen anderen Ländern Europas islamische Seelsorgeprojekte in den verschiedensten Disziplinen. Auch in der Türkei wurde 2015 ein Kooperationsvertrag zwischen dem Gesundheitsministerium und der Religionsbehörde unterschrieben, wonach langfristig Seelsorger nach dem europäischen Modell ausgebildet und eingesetzt werden sollen.

Auf Grund der großen Nachfrage gibt es in Deutschland an vielen Orten islamische Seelsorgeprojekte. In einer ersten empirischen Forschungsarbeit konnten 45 Krankenhausseelsorge-, 18 Notfallseelsorge-, 45 Gefängnisseelsorge, 3 Telefonseelsorge-, 4 Seniorenseelsorge-, 2 Flüchtlingsseelsorge-, 2 Psychiatrieseelsorge- und 2 Gemeindeseelsorgeprojekte im gesamten Bundesgebiet erfasst werden. Auch im Bereich der Militärseelsorge und Onlineseelsorge gibt es Bestrebungen, Seelsorger einzusetzen (Şahinöz 2018, S. 69-108).

Vor allem in den Bereichen Krankenhausseelsorge, Gefängnisseelsorge und Notfallseelsorge sind gute Strukturen entstanden. Krankenhausseelsorger und Notfallseelsorger werden in fast allen dieser Projekte zunächst ausgebildet, während Gefängnisseelsorger meistens Imame ohne eine Seelsorgeausbildung sind. Doch auch hier gibt es gegenwärtig Diskussionen in einigen Bundesländern, ob man Gefängnisseelsorger nicht ebenfalls ausbilden sollte.

Ausgebaut werden müssen Bereiche wie die Psychiatrieseelsorge und die Gemeindeseelsorge, wobei letzteres öfters den Imamen in den Moscheen übertragen wird, obwohl diese schon in vielen anderen Aufgabengebieten tätig sind und daher mit der Seelsorge, ohne eine derartige Ausbildung genossen zu haben, überfordert sein könnten.

Auch die Onlineseelsorge ist in Zeiten der Digitalisierung ein Bereich, der nicht vernachlässigt werden darf. Per Internet ist es möglich, schnell, einfach und anonym eine erste niedrigschwellige Seelsorgeberatung in Anspruch zu nehmen. Hier fehlt es jedoch noch gänzlich an qualitativen Angeboten und vor allem an Personal und anderen Ressourcen.

Eine Seelsorgedisziplin, die jetzt schon akut notwendig ist, aber wozu es fast keine Angebote gibt, ist die Flüchtlingsseelsorge. Viele Menschen sind in den letzten Jahren durch Flucht nach Deutschland gekommen und haben teilweise große Traumata entwickelt. Jenen Menschen mit Fluchthintergrund kann mit einer Flüchtlingsseelsorge geholfen werden.

Ausgehend von den oben beschriebenen Situationen aus der Migration heraus, befindet sich die erste und zweite Generation der türkischen Muslime inzwischen in einem Seniorenalter. Daraus ergeben sich neue, bisher unbearbeitete Nachfragen (vgl. Şahinöz 2013, S. 45-47), u.a. auch das Feld der Seniorenseelsorge, welches bisher zu kurz kommt.

Bereiche, die in den bisherigen Diskussionen noch gar nicht auftreten, sind zu dem die Feuerwehrseelsorge und Polizeiseelsorge. In beiden Disziplinen ist mit einem ähnlichen Bedarf wie bei der Militärseelsorge zu rechnen.

Wenn man zudem betrachtet, an welchen Orten die erfassten Seelsorgeprojekte durchgeführt werden, fällt schnell auf, dass der Osten Deutschlands nicht gut bis gar nicht versorgt ist (Şahinöz 2018, S. 106ff). Islamische Seelsorgeangebote findet man überwiegend im Westen und Süden Deutschlands. Besonders in den Städten Berlin, Köln, Frankfurt und Mannheim findet man reichliche Angebote an islamischer Seelsorge in den verschiedenen Bereichen. Dass in bestimmten Gebieten wenig oder keine Seelsorgeangebote vorliegen, kann damit erklärt werden, dass auf Grund der Tatsache, dass in diesen Gebieten wenig Muslime leben, der Bedarf nach muslimischen Seelsorgern noch gar nicht gesehen wird.

Umsetzung in der Praxis

In der gleichen empirischen Studie wurden auch Experten befragt. Muslimische Seelsorger, die in verschiedenen Seelsorgedisziplinen tätig sind, erhielten teilstandardisierte Fragebögen mit offenen Fragen. Vier Krankenhausseelsorger, zwei Gefängnisseelsorger, ein Klinikseelsorger und ein Seelsorger, der Notfall-, Krankenhaus und Gefängnisseelsorger ist, nahmen an der Befragung teil. Zwei der Befragten waren weiblich. Einer der Gefängnisseelsorge stammt aus Wien. Eine der Seelsorgerinnen war eine deutsche Konvertitin, alle anderen Seelsorger hatten einen Migrationshintergrund. Jeder Befragte wurde anonymisiert (Şahinöz 2018, S. 132).

Zudem wurden vier Personen, die muslimische Seelsorger ausbilden, interviewt. Einer von ihnen bildet Telefonseelsorger aus, ein anderer Notfallseelsorge und zwei weitere bilden Krankenhaus- und Notfallseelsorger aus. Einer der Ausbilder war ein christlicher Theologe. Alle anderen Ausbilder hatten einen Migrationshintergrund. Die Interviewten waren alle männlich und einer wurde auf eigenen Wunsch hin, nicht anonymisiert (Şahinöz 2018, S. 131).

Die Ergebnisse zeigen, dass der Bedarf nach muslimischen Seelsorgern zunächst eher von christlichen Seelsorgern geäußert wird, wenn sie vor allem in Krankenhäusern und Notfällen auf muslimische Klienten treffen. Vor allem Einrichtungen wie Krankenhäuser oder Gefängnisse wenden sich an örtliche Moscheen und fragen nach einem Seelsorger, so wie sie es von den Angeboten der Kirche kennen. Dass gegenwärtig in den örtlichen Moscheegemeinden keine professionelle Person für eine Seelsorgetätigkeit zur Verfügung steht, ist dabei relativ unbekannt, da man mit dem christlich-kirchlichen Bild von Seelsorge ausgeht und daher quasi voraussetzt, dass es doch einen Seelsorger in den muslimischen Gemeinden geben müsste. Dies führt dann zu Irritation sowohl auf Seiten der Nachfrager, als auch auf Seiten der örtlichen muslimischen Gemeinden, die sich dann mit dem Thema auseinandersetzen müssen.

Erst durch die externen Anfragen und der Entstehung islamischer Seelsorgeprojekte wird der muslimischen Community eine solche Profession deutlich, so dass die ersten Gemeinden selbst Seelsorger nachfragen. Zuvor war eine solche "Arbeitsposition" den Muslimen fremd, da, wie oben beschrieben, Seelsorge nicht professionalisiert oder institutionalisiert war. Vor allem war mit ihr keine Ausbildung verbunden. Inzwischen ist die Thematik der Seelsorge zumindest in den muslimischen Dachorganisationen bekannt und man versucht auf verschiedenen Ebenen, lokal, landes- und bundesweit Seelsorge zu konzipieren.

Bei den bisher angebotenen Seelsorgeprojekten wird jedoch schnell deutlich, dass es hinsichtlich der Ausbildungen und der Einsätze deutliche Unterschiede gibt. Weder gibt es einheitliche Ausbildungen noch Curricula. Daher gibt es auch keine Standards, an denen man sich orientieren könnte. Dies wäre jedoch wichtig, um die Angebote qualitativ aufzurüsten und um sie vergleichen zu können. Auf Grund dieser fehlenden Standardisierung sind Qualitätssicherung und Qualitätskontrollen ebenfalls nur schwer möglich.

Vielerorts werden die Ausbildungen gemeinsam mit christlichen Seelsorgern durchgeführt. Hierbei greift man auf die langjährigen Erfahrungen der christlichen Kollegen zurück. Der theoretische Rahmen dieser Art von Ausbildungen wird durch muslimische Referenten gefüllt. Wie bereits erwähnt, gibt es inhaltliche Unterschiede in den Ausbildungen. So gibt es Ausbildungen, die mehrere Wochen gehen, als auch sogenannte "Crash Kurse", bei denen nur Mindestqualifikationen vermittelt werden.

Muslimische Seelsorger, die im Einsatz sind, bringen immer wieder zum Ausdruck, dass sie sich eine Supervision oder Fortbildungen wünschen (Şahinöz 2018, S. 147ff). Auf Grund der hohen Belastungen sind Supervisionen eine gute Möglichkeit, um damit umzugehen. An einigen Orten werden auch tatsächlich Fortbildungen und Supervisionen, bei denen teilweise auch christliche Seelsorger mitwirken, angeboten. An den meisten Orten gibt es jedoch keine Supervisionen.

Was für die muslimischen Seelsorger ebenfalls nicht existiert, ist das Zeugnisverweigerungsrecht, bzw. ein Beicht- oder Seelsorgegeheimnis. Während sich christliche Seelsorger auf dieses Recht berufen können und somit ein großes Vertrauen beim Klienten genießen, ist dies bisher muslimischen Seelsorgern verwehrt. Dieses Recht wird nur für rechtlich anerkannte Religionsgemeinschaften vergeben. Da der Islam diesen Status bundesweit nicht hat und es nur länderweise Übergangslösungen gibt, unterschreiben muslimische Seelsorger lediglich Schweigepflichtserklärungen, die in einem konkreten Fall der Aussageverpflichtung nicht gültig sind. Daher können diese nicht mit einem Zeugnisverweigerungsrecht gleichgesetzt werden.

Auch hat sich in der genannten empirischen Arbeit herausgestellt, dass der Kern der Seelsorge, das individuelle, seelsorgerische Einzelgespräch, bei vielen Angeboten zu kurz kommt. Insbesondere in der Gefängnisseelsorge sticht hervor, dass eher gemeinsame

Gebete, wie z.B. das Freitagsgebet oder Gruppengespräche zu theologischen Rechtsfragen angeboten werden als Einzelgespräche mit den Inhaftierten. Gebete und Gruppengespräche sind jedoch nur ein Teilbereich der Seelsorge und können ein Einzelgespräch nicht ersetzen. Daher wird der Bedarf nach einer islamischen Seelsorge auf diese Art und Weise nicht tatsächlich gedeckt. Diese Tatsache ist dem Umstand geschuldet, dass vielerorts bestimmte Ressourcen fehlen. So kommt es vermehrt vor, dass muslimische Gefängnisseelsorger keine Räumlichkeiten für eine Einzelseelsorge zur Verfügung haben. Auch die zeitliche Begrenzung der Seelsorger als Ehrenamtler verstärkt die Problemlage. Es gibt jedoch auch vereinzelt muslimische Gefängnisseelsorger, die eine eigene Räumlichkeit, ein eigenes Büros, Schlüssel und EDV zur Verfügung haben. Solche Ausgangssituationen lassen eine angemessene Seelsorge zu und sind den Klienten, in diesem Fall den Inhaftierten, würdig.

Ehrenamt und die genannten Ressourcen sind eine Frage der Finanzierung. Daher ist bei der Etablierung der islamischen Seelsorge die Finanzierungsfrage ein zentrales Problem, das weiterhin nicht geklärt ist. Während die Ausbildungen der muslimischen Seelsorger fast immer durch öffentliche Mittel finanziert werden, sind die Einsätze finanziell nicht gedeckt. Einige Seelsorger erhalten Aufwandsentschädigungen, wiederum einige kleine Honorare. Bis auf einige wenige Stellen, sind die muslimischen Seelsorger bundesweit ehrenamtlich tätig. Viele führen ihre Seelsorgetätigkeit nebenbei zu einer hauptberuflichen Tätigkeit aus und sind daher stark eingegrenzt und können z.B. in

Notsituationen akut nicht eingesetzt werden. Dies führt zu einer Überforderung und/oder Belastung der ehrenamtlich tätigen muslimischen Seelsorger.

Was recht positiv ist und die Etablierung der muslimischen Seelsorger fördert, ist die Tatsache, dass vielerorts sowohl die Seelsorgeanbieter als auch die muslimischen Seelsorger mit verschiedenen Einrichtungen und Institutionen kooperieren. So sind örtliche Moscheegemeinden, Kirchen, Krankenhäuser, Kommunen an vielen Orten mitbeteiligt an der Etablierung der islamischen Seelsorge.

Auch ist die Politik bemüht, eine Institutionalisierung der islamischen Seelsorge bundesweit zu fördern. So gab es schon in einigen Bundesländern Staatsverträge mit muslimischen Verbänden, wo u.a. auch die islamische Seelsorge geregelt wurde. Andere Bundesländer suchen nach anderen Lösungen oder planen Staatsverträge. Auf Bundesebene befasst sich die Deutsche Islam Konferenz mit dem Thema.

Ein weiterer wichtiger Punkt, der bei der Etablierung der islamischen Seelsorge in Deutschland zentral ist, ist das große Interesse der islamisch theologischen Fakultäten an den Universitäten. Diese wirken an der Entwicklung der islamischen Seelsorge mit. So werden die ersten Masterstudiengänge und Fortbildungen für islamische Seelsorge angeboten. Diese befinden sich jedoch noch in der Anfangs- und Entstehungsphase, so dass erst in einigen Jahren eine realistische Einschätzung gemacht werden kann, in welche Richtung sich die islamische

Seelsorge durch die universitäre Landschaft entwickeln wird.

Islamische Seelsorge in anderen Ländern

Wie bereits erwähnt, ist islamische Seelsorge nicht nur in Deutschland, sondern auch in anderen Ländern ein Diskussionsthema. Vor allem in Ländern mit einer großen muslimischen Community wird über die Einführung von islamischer Seelsorge gesprochen. Dabei gibt es jedoch Unterschiede in den Herangehensweisen und den Entwicklungsprozessen (Şahinöz 2018, S. 108-130).

In Ländern wie Dänemark, Norwegen, Italien, Kanada und den USA spielt die islamische Seelsorge noch keine bedeutende Rolle. Hier wird Seelsorge nur in Teilbereichen und dann auch nur minimal angeboten. So gibt es in Dänemark die ersten Angebote an Krankenhaus-, Gefängnis- und Gemeindeseelsorge. In Norwegen gibt es seit 2017 einen ersten muslimischen Militärseelsorger. In Italien wird bisher nur Gefängnisseelsorge angeboten und in Kanada gibt es das Angebot der islamischen Seelsorge nur an einer Universität. Auch in den USA etabliert sich islamische Seelsorge nur zögernd. Einzelne Angebote gibt es in den Bereichen Gefängnis-, Krankenhaus-, Militärseelsorge und Seelsorge an Universitäten. Dass in diesen Ländern der Bedarf an islamischer Seelsorge noch nicht erkannt wurde, hat mit Sicherheit auch mit der niedrigen Anzahl der Muslime in diesen Ländern zutun. Erst jetzt, durch fehlende Strukturen vor allem im Gesundheitsbereich wird der Bedarf geäußert. Hinzu kommt, dass es keine großen islamischen Organisationen gibt, die diesen Bedarf, oder zumindest das Thema auffangen könnten. Die Ressourcen der islamischen Organisationen in diesen Ländern sind erheblich gering, so dass ohne Unterstützung anderer Einrichtungen, diese Aufgabe nicht bewältigt werden kann.

In den Ländern England, Frankreich, Niederlande und Schweiz gibt es etablierte islamische Gemeinschaften, die ebenfalls einen Bedarf an islamischer Seelsorge äußern. So gibt es in diesen Ländern Ansätze, islamische Seelsorge auszubauen. In England wird islamische Seelsorge in den Disziplinen Krankenhaus-, Gefängnis-, Militär- und Telefonseelsorge angeboten. In Frankreich gibt es Angebote in den Bereichen Krankenhaus-, Gefängnis- und Militärseelsorge. In den Niederlanden, wo eine konfessionslose Seelsorge weitverbreitet ist, gibt es islamische Seelsorge in den Feldern Krankenhaus-, Gefängnis- und Militärseelsorge. In der Schweiz wiederum gibt es islamische Seelsorge in den Bereichen Gefängnis-, Notfall-, Krankenhaus-/Spitalseelsorge und Seelsorge in Asylheimen. Jedoch sind diese Angebote noch nicht ausgereift und finden auch nicht flächendeckend statt. Teilweise gibt es noch Diskurse, wie sich die islamische Seelsorge zukünftig entfalten und positionieren soll.

Ein Land, dass in Bezug auf die islamische Seelsorge mit Deutschland vergleicht werden kann ist Österreich. Wie schon in Deutschland wurde auch in Österreich der Bedarf vor mehreren Jahren ermittelt und dementsprechend Angebote entwickelt. So gibt es in Österreich islamische Seelsorge in den Bereichen

Krankenhaus-, Gefängnis-, Militärseelsorge und Seelsorge in Asylheimen. Die Organisation dieser Bereiche übernimmt größtenteils die Islamische Glaubensgemeinschaft in Österreich (IGGiÖ), welches die Dachorganisation der muslimischen Gemeinden ist.

Eine weitere und spannende Entwicklung, die es noch zu beobachten gilt, ist die Etablierung der islamischen Seelsorge in der Türkei. Wie schon erwähnt, befindet sich gegenwärtig die Türkei in einem Prozess der Institutionalisierung und Professionalisierung der islamischen Seelsorge. Als ein Land mit überwiegend Muslimen, könnte daher die Türkei Vorreiter in der muslimischen Welt werden. Noch liegen jedoch keine Konzepte vor. Man orientiert sich dabei am deutschen Modell der Seelsorge. Pilotprojekte laufen in den Bereichen Krankenhaus-, Gefängnis-, Senioren-, Palliativ-, Telefonseelsorge, Seelsorge in Sozialeinrichtungen, Waisenhäuser und Jugendheime.

Der Blick in andere Länder zeigt, dass nirgends ein Konzept der islamischen Seelsorge existiert. Lösungsansätze in Bezug auf Professionalisierung, Institutionalisierung oder Finanzierung konnten in diesen Ländern nicht ausfindig gemacht werden. In Bezug auf landesweite Angebote, der Ausbildungen und der unterschiedlichsten Seelsorgedisziplinen scheint Deutschland ein Vorreiter zu sein.

Fazit und Empfehlungen

Die christliche Seelsorge brauchte Jahrhunderte bis sie den gegenwärtigen Standard erreichte. Dies gilt sowohl

44

für die praktische Arbeit als auch die universitäre Ausbildung. Diese Entwicklung war verbunden mit vielen gesellschaftlichen Diskursen. Bis man von Professionalisierung und Institutionalisierung sprechen konnte, entstanden viele Konzepte, die im späteren Verlauf weiterentwickelt wurden.

Die islamische Seelsorge kann den gleichen Weg gehen, sie kann jedoch auf den Erfahrungen der christlichen Seelsorge aufbauen und damit die Entwicklungszeit "verkürzen". Noch steht man hierbei am Anfang. Langfristiges Ziel muss es daher sein, dass die islamische Seelsorge in Deutschland standardisiert, professionalisiert und institutionalisiert wird. Um dieses Ziel zu erreichen, müssen vor allem Fragen rund um Gesetzesgrundlage, Personal, Struktur, Inhalt, Ausbildung, Qualitätssicherung und Finanzierung geklärt werden. Hier gibt es noch, wie aus den empirischen Ergebnissen gezeigt, klare Defizite.

So fällt u.a. auf, dass viele Projekte, die das Label "Islamische Seelsorge" tragen, gar keine seelsorgerischen Einzelgespräche anbieten. Dies ist jedoch der Kern der Seelsorge und darf nicht vernachlässigt werden. Daher ist eine Standardisierung, was Seelsorge ist und was nicht, gerade in der Entstehungsphase der islamischen Seelsorge so wichtig.

Hierfür muss natürlich auch die finanzielle Frage geklärt werden, da bisher, bis auf eine Handvoll Personen, die Seelsorger ehrenamtlich tätig sind. Erfolgsversprechend und nachhaltig ist jedoch die Einstellung von hauptamtlichen Seelsorgern. Daher sollte islamische

Seelsorge zu einem professionalisierten Beruf werden, wo es klare Aufgabenfelder, Erwartungen, Berufsprofile und Arbeitsverträge gibt. Die muslimischen Seelsorger sollten daher hauptamtlich tätig sein und diese sollten, wie im christlichen Dienst auch, von Ehrenamtlichen unterstützt werden. Für die Finanzierung bietet sich eine Kombination von Staat (Bund, Land, Kommune), Fördermitteln, Einrichtungen (in denen Seelsorge stattfinden soll) und muslimischen Verbänden an.

Um eine Standardisierung zu gewährleisten, müssen Ausbildungsinhalte und Lehrpläne inhaltlich aneinander angepasst werden. Sie müssen vergleichbar und messbar sein, damit auch Qualitätskontrollen möglich sind. Sowohl die Ausbildungsangebote als auch die Praxis müssen transparente Qualifikationsstandards aufweisen.

Weiterhin sollten Supervisionen und Fortbildungen eingeplant werden. Dies kommt bisher, trotz hohem Bedarf, zu kurz. Daher sollte es parallel zu den Einsätzen angemessene Zeit und Raum für Supervisionen geben. Diese sollten regelmäßig mit professionellen Supervisioren durchgeführt werden. Jährliche Fortbildungsangebote sollte es ebenfalls geben, um die Seelsorger weiterzubilden und auf gesellschaftliche Veränderungen reagieren zu können.

Gefördert werden muss aber auch insgesamt der Bekanntheitsgrad der islamischen Seelsorge innerhalb der eigenen muslimischen Gemeinschaft. Während die Akteure um die Seelsorge und den Moscheegemeinden eine Vorstellung von islamischer Seelsorge haben, ist es an der breiten Basis noch kein Themenfeld, das angekommen ist. Um jedoch die Angebote und die Akzeptanz eines muslimischen Seelsorgers in der Gemeinschaft zu etablieren, muss diese Basisarbeit noch erfolgen.

Da der Aufbau einer solchen institutionalisierten, professionalisierten und standardisierten Seelsorge gegenwärtig eine Mammutaufgabe für die islamische Community in Deutschland ist und alleine nicht bewältigt werden kann, ist es sinnvoll, mit christlichen Einrichtungen, die seit Jahrzehnten Seelsorge anbieten und Know-How haben, und der Politik, wie z.B. auf der Bundesebene auf der Deutschen Islam Konferenz, aber auch auf der Landesebene, zu kooperieren. In diesem Sinne scheint auch die Gründung von lokalen islamischen Wohlfahrtsvereinen und eines Spitzenverbandes der muslimischen Wohlfahrtspflege, welches die Seelsorge koordinieren könnte, nicht ganz abwegig zu sein.

Interkulturelle Soziale Arbeit – Islamische Wohlfahrtspflege

Wohlfahrtorganisationen sind die wichtigsten Säulen des deutschen Sozialsystems. Erst wenn soziale Aufgaben von freien Trägern nicht mehr verwirklicht werden können, übernehmen öffentliche Träger diese Aufgaben (Subsidiarität). So ist etwa die Hälfte aller sozialen Einrichtungen in Trägerschaft der Wohlfahrtsorganisationen.

In Deutschland gibt es seit Jahrzehnten einen nicht zu unterschätzenden demographischen Wandel. Dieser Wandel führt dazu, dass auch Wohlfahrtorganisationen ihre Arbeit auf die Veränderungen einstellen. Während die Anpassung an gesellschaftliche Realitäten in der Wirtschaft öfters viel schneller und einfacher gelingt, haben wir es in der Wohlfahrtspflege öfters mit einer Unterversorgung von Menschen mit Migrationshintergrund zu tun.

Die immer wachsende Pluralität erfordert in der Wohlfahrtspflege eine weitreichendere interkulturelle Öffnung, als es sie gegenwärtig gibt. So nimmt die interkulturelle Kooperation der konfessionellen Wohlfahrtspflege in einer zunehmend säkularen und pluralen Gesellschaft eine bedeutende Rolle ein.

Auch die Muslime in Deutschland stehen vor einer großen Herausforderung. Deshalb bilden sich in der muslimischen Community Arbeitsgruppen, Vereine und Projekte, die sich mit dem Thema der Wohlfahrtspflege und insgesamt mit den Themen der Sozialen Arbeit befassen. Wie für die bestehenden Wohlfahrtsverbände wird auch für eine zukünftige muslimische Wohlfahrtspflege die interkulturelle Kooperation wichtig sein.

Konfessionelle Wohlfahrtspflege

Das deutsche Wohlfahrtssystem ist einzigartig auf der ganzen Welt. Was ihn charakteristisch ausmacht, ist die Dualität. Der Staat und die Wohlfahrtsverbände teilen sich die Arbeit. Wie bereits erwähnt, haben jedoch die freien Wohlfahrtsverbände ein Vorgangsrechts in sozialen Dienstleistungen. Diese Partnerschaft hat sich historisch bewährt (Charchira 2014) und gilt als Vorbild für andere europäische Staaten.

Im Spitzenverband der Freien Wohlfahrtspflege Deutschland sind sechs große Wohlfahrtsverbände organisiert: AWO (Arbeiterwohlfahrt), gegründet 1919, ca. 145.00 Hauptamtliche; Caritas (Deutscher Caritasverband), gegründet 1897, ca. 590.000 Hauptamtliche; Der Paritätische (Deutsches Paritätisches Wohlfahrtsverband), gegründet 1924; Diakonie (Diakonie Deutschland im Evangelischen Werk für Diakonie und Entwicklung), gegründet 1849, 453.000 Hauptamtliche; DRK (Deutsches Rotes Kreuz), gegründet 1863, 140.000 Hauptamtliche; ZWST (Zentralwohlfahrtsstelle der Juden in Deutschland), gegründet 1917.

Diese Wohlfahrtsverbände sind aus unterschiedlichen Motivationen entstanden. Während Diakonie (evangelisch), Caritas (katholisch) und ZWST (jüdisch) konfessionell orientiert sind, sind der Paritätische und die DRK humanitär und die AWO politisch orientiert.

Ihre Etablierung in der Gesellschaft geschah in den 20ern des 20. Jahrhunderts. Doch wenige Jahre später, zur Zeit des Nationalsozialismus, erlebten sie eine große Einschränkung. Nach dem 2. Weltkrieg kam es zu einer Neuorganisation der Wohlfahrtsverbände. In den 60er Jahren erlebten die Wohlfahrtsverbände eine Säkularisierung. Dabei entstanden Diskussionen über die Position der konfessionellen Wohlfahrtsverbände. Die Kirchen konnten jedoch ihre Stellung beibehalten. Die Blütezeit der Wohlfahrtsverbände sind die 70er und 80er Jahre gewesen. Hier etablierten sie sich endgültig in der Gesellschaft und waren öffentlich sichtbar. Seit den 90ern sind die konfessionellen Unterschiede zwischen den Verbänden nicht mehr so deutlich. Die Tätigkeiten unterschieden sich nicht mehr viel voneinander. Gegenwärtig im 21. Jahrhundert gibt es eine professionelle, markorientierte, ökonomische Führung der Verbände (vgl. Hering, Münchmeier, 2014).

Finanziert werden die Wohlfahrtsverbände fast komplett aus staatlichen Mitteln. Dabei geht es hier um Summen in Milliarden Höhe. Aber auch das Ehrenamt nimmt eine unverzichtbare Rolle in den Wohlfahrtsverbänden ein. Neben den Hauptamtlichen sind sie es, die mancherorts in der Öffentlichkeit wahrgenommen werden und deren Engagement vielerorts erst zum Entstehen der Organisationen geführt hat. So wird das Thema Ehrenamt, was schon in den Moscheegemeinden vorhanden ist, auch beim muslimischen Wohlfahrtsverband eine bedeutende Rolle spielen.

Muslimische Wohlfahrtspflege

Eine dieser wichtigen Herausforderungen für die muslimische Community ist die Gründung eines muslimischen Wohlfahrtsverbandes. Ein solcher muslimischer Wohlfahrtsverband könnte die neuen Bedarfe der Community, wie z.B. muslimische Kindergärten, Erziehungshilfe, Beratung, Pflegedienste oder Seniorenarbeit erfüllen.

Auch die zuvor genannten ehrenamtlichen Potenziale könnten in der Wohlfahrtspflege genutzt werden und somit auch die verdiente Anerkennung und Wertschätzung erfolgen.

Ein muslimischer Wohlfahrtsverband könnte die sozialen Dienstleistungen der Muslime professionalisieren und dauerhafte Strukturen schaffen, die mit den bestehenden ehrenamtlichen Strukturen nicht zu bewältigen sind. So hätte man auch eine Nachhaltigkeit, die in diesem Bereich notwendig ist.

Ein Wohlfahrtsverband von Muslimen ist gleichzeitig ein Zeichen des bürgerschaftlichen Engagements. Sie richtet sich nicht nur an die muslimische Community, sondern wie bei jedem anderen Wohlfahrtsverband auch, an die gesamte Gesellschaft. Die Muslime geben damit der Gesellschaft etwas zurück und engagieren sich in ihr. Ein solcher Verband widerspiegelt somit die soziale Realität der Muslime in Deutschland und lässt dadurch ein korrigiertes Image des Islams in Deutschland entstehen.

Interkulturelle und Interreligiöse Kooperation

Wie bereits erwähnt, pluralisiert sich Deutschland seit Jahrzehnten. Diese Entwicklung bringt Veränderungen mit sich. So muss in vielen Systemen, wie z.B. im Gesundheitssystem, die religiöse Vielfalt mitberücksichtigt werden. Es zeigt sich jedoch, dass Menschen mit Migrationshintergrund in vielen Bereichen unterversorgt sind (vgl. KAS, 2009)[5].

Auf Grund dieses Bedarfs entstanden in den bestehenden Wohlfahrtsverbänden unterschiedliche Bereiche, wie z.B. Integrationsagenturen, Jugendmigrationsdienste oder Migrationsberatungen für erwachsene Zuwanderer, die staatlich gefördert werden und u.a. das Ziel haben, die gesellschaftliche Teilhabe der Menschen mit Migrationshintergrund zu stärken.

Ein muslimischer Wohlfahrtsverband wäre in diesem Sinne für die bestehenden Verbände ein erster muslimischer Partner auf Augenhöhe. Eine dauerhafte, nachhaltige und vertrauensvolle Zusammenarbeit würde den bestehenden großen Bedarf an interkultureller und interreligiöser Arbeit abdecken und angemessene religionssensible Angebote ermöglichen und hervorbringen.

---

[5] Laut einer vom Bundesministerium für Gesundheit in Auftrag gegebenen Untersuchung sind die türkischen Migranten die Bevölkerungsgruppe mit der unzureichendsten psychosozialen Versorgung (Tuncay, 2010).

Kooperationen zwischen den bestehenden Wohlfahrtsverbänden und muslimischen Gemeinden gibt es schon, z.B. in den Bereichen Kinder-, Jugend- und Familienhilfe, Seniorenarbeit, Interkulturelle Öffnung, Integrations- und Migrationsarbeit. Da jedoch, wie schon erwähnt, Moscheegemeinden nur begrenzte Möglichkeiten und Kapazitäten haben, könnten diese Kooperationen erst mit einem muslimischen Wohlfahrtsverband professionalisiert, erweitert und ausgebaut werden. Dies würde zudem die Akzeptanz der bereits bestehenden Angebote erhöhen.

Die Kooperation hat jedoch auch Grenzen, nämlich da, wo es mit dem Eigenen nicht mehr vereinbar ist. Die konfessionellen Wohlfahrtsverbände vertreten religiöse Weltanschauungen und handeln weltlich in einem bestimmten religiösen Kontext. Dementsprechend werden sie auch in der Öffentlichkeit wahrgenommen. Daher dürfen sie den eigenen Rahmen nicht sprengen und so ihre Glaubhaftigkeit und Authentizität verlieren.

Seniorenarbeit und Altenpflege

Besondere Kooperationen könnte es in der Zukunft im Bereich der Seniorenarbeit und Altenpflege geben. Von dieser Kooperation können sowohl die existierenden Wohlfahrtsverbände als auch ein muslimischer Verband profitieren. Daher soll hier genauer darauf eingegangen werden.

Es ist davon auszugehen, dass dieser Bereich unter der muslimischen Community in Deutschland immer bedeutsamer wird. Die sogenannten "Gastarbeiter" sind inzwischen im Rentenalter. In den kommenden Jahren werden Millionen von türkischen Menschen in Deutschland im Seniorenalter sein. Insgesamt werden ausländische Senioren, die am stärksten wachsende Bevölkerungsgruppe werden. Mit anderen Worten, das Altern wird in Deutschland multikulturell.

Der Lebensalltag der Senioren mit Migrationshintergrund ändert sich ebenfalls. Alte Familienstrukturen brechen zusammen, die eigene Familie, die sich traditionell um die Pflege der Senioren sorgte, gibt es nur noch begrenzt. Hierdurch entsteht der Bedarf nach einer professionellen Pflege und Seniorenarbeit.

Diese Veränderungen bedeuten, dass es in der Seniorenarbeit und z.B. in Altersheimen grundlegende Veränderungen geben wird. Man wird sich auf die neuen Bedürfnisse der älteren Migranten einstellen müssen. Die Seniorenarbeit wird kultursensibel und bedürfnisorientiert gestaltet werden müssen. Hierbei gilt es, einige Faktoren zu beachten (vgl. Şahinöz, 2020b, S. 82f).

Während sich transkulturelle Seniorenarbeit an die Gesamtbevölkerung richtet, ist die Zielgruppe einer ethnisch orientierten Altenhilfe eine bestimmte Nationalitätengruppe. Im Rahmen einer interkulturellen Sozialen Arbeit macht es Sinn, eine Kombination aus diesen beiden Denkrichtungen zu nutzen (vgl. Forum Seniorenarbeit NRW, 2003, S. 5).

Da die bestehenden Wohlfahrtsverbände seit Jahren Altenhilfe anbieten, kann gemeinsam mit einem muslimischen Wohlfahrtsverband, der einen leichteren Zugang zur muslimischen Community haben wird, eine Bedarfsanalyse für diese Zielgruppe erstellt werden. Hierbei kann festgestellt werden, welche Hilfs- und Dienstleistungen gewünscht werden und die Angebote können dementsprechend ausgerichtet werden.

Öfters haben Senioren mit Migrationshintergrund über die bestehenden Angebote wenige Kenntnisse. Durch eine Kooperation der Verbände können Informationen über die angebotenen Aktivitäten der Altenhilfe und insgesamt über das System Seniorenarbeit viel leichter und schneller an die muslimische Community weitervermittelt werden. Durch die Bekanntmachung der Angebote ergeben sich auch für ehrenamtliche Muslime die Möglichkeit, sich selbst zu engagieren.

In der Seniorenhilfe wird immer wieder diskutiert, wie offen tatsächlich Seniorengruppen sind (vgl. Forum Seniorenarbeit NRW, 2003, S. 6). Teils hat man es mit geschlossenen Gesellschaften zu tun, zu denen ein Eintritt nur schwer möglich ist. Dies hat vor allem etwas mit unterschiedlichen Bedürfnissen zu tun. Je nach Herkunft, Religion, Kultur und Sozialstatus der Senioren unterscheiden sich die Angebote der Seniorenarbeit. Da so öfters die bestehenden Angebote auf ein bestimmtes Klientel zugeschnitten sind, fehlen anderen Gruppen, wie z.B. Migranten, passende kulturelle Freiräume (Forum Seniorenarbeit NRW, 2003, S. 7). Hier kann man in Kooperation gemeinsame Interessen herausarbeiten und diese zielgerichtet durchführen.

Insgesamt erreicht die Seniorenarbeit der bestehenden Wohlfahrtseinrichtungen die Migranten nicht oder nur kaum. Diese sind durch die bestehenden Strukturen nicht zu erreichen, da die Seniorenarbeit nur wenig kultursensibel angelegt ist, so dass kaum auf die Bedürfnisse der Migranten eingegangen werden kann[6]. Die Zugangsbarrieren müssen beseitigt und bedürfnisorientierte Zugänge geschaffen werden. In der Seniorenarbeit müssen daher neue Wege gesucht und genutzt werden, um Migranten zu erreichen.

Eine Möglichkeit, um sie zu erreichen und den Bedarf zu ermitteln ist eine aufsuchende bedürfnisorientierte Migrations-Sozialarbeit (Forum Seniorenarbeit NRW, 2003, S. 4). An dieser Stelle böten sich viele Kooperationsmöglichkeiten an. Die bestehenden Verbände könnten ihr langjähriges Know-How in der Seniorenarbeit einbringen und der muslimische Wohlfahrtsverband seine Kenntnisse über die Lebensverhältnisse und Bedürfnisse der muslimischen Senioren[7]. Auf Grund dieser interkulturellen und

---

[6] Das Fehlen der deutschen Sprache ist ein weiteres Indiz, warum Senioren mit Migrationshintergrund Seniorengruppen nicht in Anspruch nehmen.

[7] Besonders die Themen Familie und die Rolle der Senioren im Familiensystem verdienen besondere Aufmerksamkeit. Familie bedeutet unter den muslimisch-geprägten Kulturen nicht nur die Kernfamilie, sondern umfasst mehrere Generationen, auch Oma, Opa, Tante, Onkel etc. Daher ist der Familienzusammenhalt sehr stark und eine Hausfamilie besteht vielerorts noch aus drei Generationen. Zudem genießen die Senioren einen hohen Status in der muslimischen Familie. Im Koran heißt es: „Und dein Herr hat befohlen: 'Verehrt keinen außer Ihm, und (erweist) den Eltern Güte.

interreligiösen Kooperation können Zugangsbarrieren abgebaut werden.

Die stationäre Form der Altenhilfe kennen Muslime nicht. Sie ist innerhalb der muslimischen Community keine "Normalität". So ist der Begriff des Altenheimes den Muslimen befremdlich. Die Versorgung übernimmt in der Regel die Verwandtschaft oder die Nachbarschaft. In Krisensituationen ist die Familie öfters einziger Ansprechpartner. Ein soziales Netzwerk zur Unterstützung fehlt. Daher wird professionelle Hilfe selten gesucht. Ein muslimischer Wohlfahrtsverband kann in Kooperation mit den bestehenden Verbänden hier ansetzen, die Motivation, bei Bedarf professionelle Hilfe in Anspruch zu nehmen, wecken und die nötige Hilfestellung leisten.

Fazit

Die großen Wohlfahrtsverbände haben in der Vergangenheit zum Ausdruck gebracht, dass sie einen

---

Wenn ein Elternteil oder beide bei dir ein hohes Alter erreichen, so sage dann nicht »Pfui!« zu ihnen und fahre sie nicht an, sondern sprich zu ihnen in ehrerbietiger Weise. Und senke für sie in Barmherzigkeit den Flügel der Demut und sprich: »Mein Herr, erbarme Dich ihrer (ebenso mitleidig), wie sie mich als Kleines aufgezogen haben.«" (Koran, 17:24). Der Prophet Muhammed sagte sinngemäß: „Wenn es keine Älteren, deren Rücken vom Alter gebeugt sind […], gäbe, würden Unglücke wie eine Flut über euch strömen" (El-Aclini, Keşfü'l-Hafa, 2:163; El-Münavî, Feyzü'l-Kadîr, 5:344, Nr. 7523; El-Beyhaki, Es-Sünenü'l-Kübrâ, 3:345). Insgesamt ergibt sich ein Familienbild, in der Ehe, Familie, Körper und Sexualität positiv besetzt sind (vgl. Şahinöz, 2020b, S. 64ff.).

muslimischen Wohlfahrtsverband begrüßen. Gleichzeitig ist der Bedarf eines solchen Verbandes aus Sicht der muslimischen Community schon längst fällig.

Der muslimische Wohlfahrtsverband kann sich neben die etablierten Verbände anreihen. Er kann aus den jahrzehntelangen Erfahrungen dieser Verbände lernen und diese Verbände können aus den Kompetenzen eines muslimischen Verbandes, wie z.B. bei der Bedarfsermittlung oder dem Zugang zu den Muslimen, profitieren. Auf dieser Basis könnten langfristige Kooperationen und eine zielführende und effektive interkulturelle Soziale Arbeit auf Augenhöhe entstehen. Alle Beteiligten sollten ein eigenes Interesse an solch einer Zusammenarbeit haben.

Islamische
Religionssoziologie

Religionsbegriff

Bei der Definition der Religion kommen zahlreiche Probleme hervor, denn der Begriff Religion ist vielfältig und lässt sich nicht durch eine Definition allein bestimmen. Im Hinblick auf die verschiedenen Ansätze und inhaltliche und funktionale Definitionen erscheint es unmöglich, sich auf eine bestimmte Definition zu einigen. Im Lexikon "Grundbegriffe der Soziologie" z.B. wird Religion folgendermaßen beschrieben: „Religion wird auf den religionswissenschaftlichen Begriff des ´Heiligen´ bezogen und bezeichnet dann die Riten, Kulte, Rollen und Einrichtungen, durch die sich die Menschen in ihrem Zusammenleben einer außeralltäglichen Wirklichkeit versichern" (Schäfers, 1986, S. 46). Im "Lexikon der Religionen" wiederum wird die Religion als „Widerverbindung des Menschen mit Gott" beschrieben. Den Gottesglauben beschreibt W. Schmidts durch die Formulierung „Anerkennung eines oder mehrerer persönlicher über die irdischen und zeitlichen Verhältnisse herausragender Wesen" (Waldenfels, 1987, S. 531). Jedes dieser Definitionen beschreibt den Begriff der Religion nicht umfassend.

Auch im Folgenden wird eine Eingrenzung gemacht werden müssen. Grundsätzlich wird auf den soziologischen Aspekt der Religion eingegangen.

Simmel beschäftigt sich in seinem religionssoziologischen Ansatz mit den Vergesellschaftungsprozessen. Er analysiert religiöse Sachverhalte mittels der Wechselwirkung zwischen

Individuum und Gesellschaft. Mit diesem Verfahren strebt er an, ein Verständnis aus Äußerungen des sozialen Lebens, die ganz jenseits aller Religionen liegen, zu gewinnen (Simmel, 1992, S. 266).

Dabei zeigt Simmel, wie Religiöses und Soziales miteinander verbunden sind (Krech, 1998 S. 111). Er versteht die Religiosität als eine psychische Funktion. Sie ist als Teil der subjektiven Kultur „eine Form, in der die menschliche Seele lebt und sich das Dasein erfasst" (Krech, 2002, S. 26). Religiöses Sein differenziert sich in Bedürfnis und Erfüllung, wie diese sich in der Gesellschaft durch Praktiken, Rituale und Opfer zeigen.

Nach der Überzeugung Simmels kann es zwischen Tatsachen, deren Existenz eine Religionsgemeinschaft als im Jenseits vorhanden lehrt und religiösen Erfahrungen, die ein Einzelner macht, keine Spannungen geben. Die als objektiv gegebene Religion und die subjektiv erlebte Religiosität liegen auf unterschiedlichen Ebenen und können daher konfliktfrei nebeneinander bestehen. So gesehen ist es nicht möglich, den Glauben einer Religionsgemeinschaft dadurch zu ermitteln, dass man einzelne Mitglieder befragt, was sie persönlich für wahr halten. Religion lässt sich nach Simmel eben nicht dadurch bestimmen, dass man die Gegenstände aufzählt, die in ihrer Summe die Religion ausmachen. Erst sobald eine Person eine andere Person oder einen Gegenstand aus religiöser Sicht anschaut, entsteht das, was Simmel für Religion hält (Krech, 2002, S. 30).

Das Religionsverständnis Emile Durkheims ist vor allem durch die große Nähe von Religion und Gesellschaft geprägt, so dass Religionssoziologie gerade zur Gesellschaftstheorie wird. Zum Hauptgegenstand seiner Untersuchung macht Durkheim die Religion im Werk „Die elementaren Formen des religiösen Lebens". Religion wird hier als zentrale Institution der Gesellschaft angesprochen. Sie muss Antwort auf spezielle soziale Bedürfnisse sein. Durkheim bezeichnet die Religion als ein solidarisches System von Überzeugungen und Praktiken, die sich auf Überzeugungen und Praktiken beziehen, die in einer und derselben moralischen Gemeinschaft alle vereinen, die ihr angehören (Durkheim, 1981, S. 75). Dabei unterscheidet er Überzeugungen (die Elemente der Imagination und des Denkens) und Praktiken (die Handlungsabläufe und Riten). Das religiöse System manifestiert sich also als konsistentes System mit einer Dimension im Bereich geistiger Konzepte und im Bereich ritueller Handlung. Die religiöse Botschaft kommt in verschiedener Weise zur Darstellung. Sie ist auf verschiedenen Ebenen kodiert, daher darf sich die Wissenschaft nicht auf das beschränken, was die Angehörigen einer Religion sagen.

Sodann unterscheidet Durkheim zwischen profan und heilig. Welche Dinge dabei sakral sind, ist beliebig, so kann etwa in den australischen Religionen fast alles sakral sein und zum Totem werden. Dinge, welche dem einen Stamm heilig sind, sind dem anderen profan. Der Ursprung, warum etwas heilig geworden ist, interessiert Durkheim nicht. Er meint, dass sich diese Frage meistens nicht klären lasse und die Antwort irrelevant sei. Hauptsache ist, dass es jetzt als heilig gilt. Zu erfragen ist jedoch die Bedeutsamkeit der Idee des Heiligen. Heilige

62

Sachverhalte haben gemeinschaftsrelevante Realität, sie sind also soziale Tatsachen (Simmel, 1989, S. 50).

Alle wesentlichen sozialen Institutionen, Normen usw. haben demnach ihren Ursprung in der Religion. Die Sphäre des Heiligen ist die Grundlage der Sphäre des Profanen. Das für die Gesellschaft nötige soziale Verhalten bedarf der dauernden Unterstützung und Stabilisierung aus dem Bereich der Religion. Religion nährt die sozialrelevanten Verhaltensweisen und führt damit zu individuellen Regungen. „Die Mechanismen dieser Regulierung arbeiten auf der Ebene des Unbewussten, es werden gemeinsame Gefühle und Emotionen geweckt" (Stolz, 1988, S. 51). Religion ist also menschlich notwendig, sie bewahrt den einzelnen in der Gemeinschaft vor selbstzerstörerischen Regungen, welche ihn der Integration entziehen möchten.

Die Religionstheorie Durkheims besagt, dass die Gesellschaft Gegenstand der Religion ist. Die Gesellschaft ist dem Einzelnen über- und vorgeordnet. Durkheim versucht also, Transzendenz innerweltlich und nicht metaphysisch zu orten. Die strikte Trennung zwischen den Bereichen der Soziologie und Psychologie ist dabei ein Axiom, das nicht hinterfragt wird. Hier gibt es keine Vermittlung und keinen Übergang. Durkheim ist der erste große Vertreter der Integrationshypothese. Religion hat demnach die Funktion, den Einzelnen in die Gemeinschaft zu integrieren (Stolz, 1988, S. 51).

Max Weber leitet die Entstehung religiösen Bewusstseins aus innerweltlichen Erfahrungen ab. Der menschliche Gemeinschaftshandel richtet sich auf diesseitige

Alltagsbewältigung und innerhalb solchen Handelns werden Erscheinungen von größerer und von geringerer Alltäglichkeit sichtbar. Deswegen beschäftigt er sich grundsätzlich mit dem Verhalten von einer oder mehreren einzelnen Personen und untersucht, was für eine Rolle die Religion beim Handeln des Menschen spielt. Wie bei Simmel, betrachtet er die Religiosität als mit subjektivem Sinn ausgestattetes religiöses Handeln, wenn es auf religiösen Vorstellungen basiert (Weber, 1972, S. 1). Solche religiöse Vorstellungen geben subjektive Motive für ein Handeln ab und bringen den Zusammenhang hervor. Dann erscheint dem Handelnden der Grund eines Verhaltens sinnhaft, weil andere auch solche religiöse Vorstellungen besitzen und sie in ihrem Handeln anwenden (Weber, 1972, S. 5).

Religion gehört bei Weber zu den elementaren Sinngebungsschemata des Menschen. Sie hat jedenfalls mit der Irrationalität des Lebens zu tun, wie sich am deutlichsten in den Widerfahrnissen von Unheil und Tod manifestiert. Erfahrungen von Irrationalität setzen bereits einen bestimmten Grad von Bewusstheit voraus. Rationalitätserfahrung und die Gegenerfahrung der Irrationalität bedingen sich gegenseitig. Der Mensch wird nicht einfach durch das Leben gelebt, sondern er hat ihm gegenüber auch eine gewisse Distanz. Er versieht es durch entsprechendes Handeln mit Sinn. Religion vermittelt eine letzte Sinnstiftung für die Welt und das Leben insgesamt, sie vermittelt aus der Unzahl möglicher Verhaltensweisen eine Selektion derer, die als sinnvoll gelten können. Dies ist ein normativer Vorgang, aus ihm leitet sich eine Hierarchie von Handlungszielen ab. Weber verarbeitet sein religionssoziologisches Konzept zunächst zu einer Typologie religiösen Verhaltens. Innerhalb einer Gesellschaft verbinden sich religiöse Leitbilder des Handels natürlich mit anderen Leitbildern, unterschiedliche soziale Gruppen und Berufsstände entwickeln dementsprechend je ihre eigene Religiosität. Die Kriege weisen z.B. eine Affinität zu religiöser Macht und Stärke auf, sie haben wenig übrig für religiöse Tugenden wie Demut.

Ob sich die Religion insgesamt oder nur im höherem Grade verändert, hängt laut Weber von verschiedenen Faktoren ab. Ist eine Gesellschaft mit kulturellen Gütern und Errungenschaften gesättigt, so ist dies einer religiösen Erneuerung hinderlich. Mangelerscheinungen, insbesondere angesichts der Nachbarschaft von kulturell gesättigten Religionen, sind der religiösen Erneuerung dagegen förderlich. Daneben haben die bestehenden Religionsstrukturen einen bestimmenden Einfluss im Hinblick auf Erneuerungstendenzen. Magisch geprägte Religionen und priesterlich kontrollierte Religionen tendieren je zu einer traditionalistischen Lebenshaltung. Es wird ein striktes Regelsystem entwickelt, aus dem man nicht ausbrechen kann (Stolz, 1988, S. 56).

Sinnbildung und Charisma

Für Peter L. Berger ist die Gesellschaft ein dialektisches Phänomen (1973, S. 3). Es ist ein Produkt des Menschen, aber gleichzeitig ist auch der Mensch ein Produkt dessen. So geht Berger davon aus, dass sich jede menschliche Gesellschaft eine Welt baut. Die Menschen bringen also eine Gesellschaft hervor. Und in dieser selbigen Gesellschaft wird der Mensch erst zur Person. Hier erhält er seine Identität. Berger beschreibt drei Schritte dieses dialektischen Prozesses: Externalisierung, Objektivierung und Internalisierung[8] (1973, S. 4).

1. Externalisierung: Mit Externalisierung ist das ständige Strömen menschlichen Wesens in die Welt gemeint. Der Mensch externalisiert also einen Sinn.
2. Objektivierung: Objektivierung meint den Prozess, in der eine Wirklichkeit gewonnen wird.
3. Internalisierung: Der letzte Schritt ist die Wiederaneignung dieser Wirklichkeit.

Durch die Externalisierung wird die Gesellschaft erzeugt. Sie ist also ein Produkt des Menschen. Durch die Objektivierung wird sie zur Realität. Internalisierung lässt den Menschen wiederum zum Produkt der Gesellschaft werden. Das Individuum selbst ist also Koproduzent der sozialen Welt und damit auch seiner

---

[8] Für die theoretische Fundierung des Begriffes "Internalisierung" bedient sich Berger bei Mead (1968) und Strauss (1956).

selbst (Berger, 1973, S. 19). Die soziale Welt wiederum verleiht den Beziehungen zwischen den Menschen eine bestimmte Struktur und Ordnung. Sie, die Gesellschaft, „strukturiert, distribuiert und koordiniert das welterrichtende Handeln des Menschen" (Berger, 1973, S. 8) und das individuelle Bewusstsein. Die Gesellschaft gibt dem Menschen also einen Sinn. Der Mensch strebt nach diesem Sinn und sucht eine Sinnhaftigkeit.

Da aber der Mensch im Gegensatz zu den Tieren unfertig ist, muss er seine Welt selber errichten. Die Strukturen, die der Mensch produziert, sind aber nicht so stabil wie die Welt der Tiere (Berger, 1973, S. 7). Die Ordnung, die der Mensch errichten muss, bezeichnet Berger als Nomos[9] (1973, S. 20ff). „Gesellschaftlich gesehen, ist Nomos ein den ungeheuren Weiten der Sinnlosigkeit abgerungener Bezirk der Sinnhaftigkeit, die kleine Lichtung im finsteren, unheilschwangeren Dschungel" (1973, S. 24). Die gesellschaftliche Welt konstituiert demnach sowohl subjektiv als auch objektiv einen Nomos. Der objektive Nomos wird im Verlauf der Sozialisation internalisiert. Durch die Erfahrungen der Gesellschaft gewinnt diese Ordnung an Stabilität. Neue Erfahrungen werden integriert, so dass die Ordnung gelegentlich kleine Modifikationen erfährt. Dieser Nomos bietet die Möglichkeit geordnet und sinnvoll zu leben. Die Gesellschaft hütet sozusagen Ordnung und Sinn. Eine radikale Absonderung von der sozialen Welt wäre für das Individuum gefährlich. Sie würde zu

---

[9] Berger leitet den Begriff des „Nomos" von Durkheims „Anomie" (1973) ab.

Orientierungs-, Sinn- und Identitätsverlust führen. So bietet der Nomos durch einen verbindlichen Sinn Schutz vor Unsicherheit. Dieser Schutz steht im Sinne des Menschen, der nach Sinnhaftigkeit verlangt. Somit sei, laut Berger, die wichtigste Funktion der Gesellschaft die Nomisierung, „das Setzen verbindlichen Sinns" (1973, S.22).

Um eben diesen Sinn geht es bei Luhmann. „Wenn man von der Unterscheidung sinnvoll/sinnlos ausgeht, braucht man ein Kriterium, das festlegt, was sinnvoll ist und was nicht" (1995, S. 11). Für subjektive Lebensfragen ist dies noch recht einfach. Schwierig wird es in Entscheidungen, die die gesamte Gesellschaft betreffen. Hier kommt der Religion eine wichtige Rolle zu. „Die Funktion der Religion scheint dann darin zu bestehen, [...] Irritation durch Unbestimmbarkeit in bestimmte oder doch bestimmbare Information zu verwandeln" (Luhmann, 1995b, S. 12). Religion soll also das Unübersichtliche (unbestimmbare) in eine Übersichtlichkeit (bestimmbares) umwandeln und somit die Komplexität der Welt reduzieren. Um bei Berger zu bleiben, die Funktion der Religion ist die der Welterrichtung (1973, S. 28). Es soll einen Nomos, also eine Ordnung bilden, das dem Individuum einen Sinn verleiht. Demnach sei die Religion ein Sinnsystem mit psychischen und sozialen Funktionen und hat eine herausragende Bedeutung bei der Konstruktion und Legitimation der gesellschaftlichen Wirklichkeit. Es bindet das Individuum in eine ganzheitliche und objektive Wirklichkeit und verleiht ihm einen Sinn (vgl. Berger 1965; Berger, Luckmann, 1970). Das Medium Sinn wird dabei erzeugt durch die Kommunikation (Luhmann,

1998, S. 138) und wird gerade in Gemeinschaften und Gesellschaften durch einen charismatischen Führer vermittelt.

Laut Max Weber (1995, S. 271ff; 1972, S.245ff) sagt Charisma etwas über die Qualität eines Menschen aus. Individuen, die "übernatürlich", "übermenschlich" (im Sinne von: nicht jedermann zugänglich), also "außeralltäglich" erscheinen und von Anhängern als "gottgesandt" oder als vorbildlich und deshalb als Führer gewertet werden, sind charismatisch. Solche charismatischen Führer können in allen möglichen sozialen Lebensfeldern vorkommen. Charakteristisch für sie ist, dass sie nicht nur zentrale soziale Wertbezüge auf sich ziehen, sondern auch Werte darstellen und diese auf die Gesellschaft zurückwirken. Sie schaffen es einen "Sinn" für ihre Anhänger zu geben. Der charismatische Führer einer Gemeinschaft schafft es, Umdenken in bestehende soziokulturelle Maßstäbe zu bringen. Er ist die "revolutionäre Macht in der Geschichte". Revolutionen, soziale Umbrüche und Wandel bedingen einen charismatischen Führer, der außeralltäglich erscheint und als "Held" dargestellt wird (Lipp, 2003, S. 45ff). Dieser Held versucht eine neue soziale Identität der Masse aufzubauen (Lipp, 1985 und 1994) und durch die kollektive Zustimmung erhält er den nötigen Charisma. Der zeitgebundene Charakter von charismatischen Gemeinden ist jedoch zur Veralltäglichung verdammt (Weber, 1995, S. 271ff).

Religionssoziologie

Religionssoziologie ist oberflächlich betrachtet eine Verschmelzung von Soziologie und Religionswissenschaft. Sie bietet eine soziologische Sicht auf religiöse Phänomene, z.B. wie religiöse Gruppen oder Religion als System in der Gesellschaft funktionieren.

Sowohl die bekannten monotheistischen Religionen, Judentum, Christentum oder Islam, als auch Buddhismus, Hinduismus oder andere Weltanschauungen können als Untersuchungsfeld oder Gegenstand für die Religionssoziologie dienen. Wichtig dabei ist nicht, ob es eine Religion ist, die als solche gesellschaftlich anerkannt ist, sondern dass sich Individuen oder Gruppen nach einer Wertevorstellung agieren, die für sie eine Religion darstellt. Es geht also in erster Hinsicht um die Wahrnehmung und Funktion von Religionen oder Weltanschauungen innerhalb einer Gesellschaft. Dabei können sowohl Rituale als auch Rollenbilder innerhalb einer Religionsgemeinschaft im Zentrum der Betrachtung stehen. Ob eine Religion "wahr" ist oder nicht, ist jedoch keine Fragestellung der Religionssoziologie.

Die Funktion von Religionen in Zeiten der Säkularisierung und Modernisierung nimmt dabei einen spannenden Aspekt in den Studien ein. Einige Forscher gingen davon aus, dass durch die Entwicklung von Wissenschaft, Forschung und Technik der Spielraum der Religion abnehmen würde. Sie gingen davon aus, dass zum Erklären von Alltagsphänomenen oder auch einfachen Ereignissen nicht mehr die Religion zu Rate gezogen werden würde. Die Welt würde entzaubert werden. Für die Beantwortung von Sinnfragen sei dann die Religion nicht mehr notwendig. Eine Verweltlichung (auch der religiösen Institutionen) würde stattfinden und die Gesellschaft daher religionsloser werden[10]. Wiederum andere Forscher beschreiben diese Veränderung als eine neue Art der Religiosität, nämlich eine Religion ohne Institutionen. In dieses Bild passen auch Spiritualisierungstendenzen, vor allem in Europa, die von einer Spiritualität ohne Religion ausgehen. Dass heißt, da der Mensch weiterhin religiöse Bedürfnisse hat, die Beziehung zu religiösen Institutionen aber abfällt, entwickeln sich spirituelle Aspekte außerhalb der bekannten Religionen. Durch die Loslösung von kirchlichen Institutionen, entstehen individuelle religiöse, spirituelle Wege; eine Art Privatisierung der Religion, um die religiösen Bedürfnisse zu stillen. In islamisch geprägten Ländern dagegen ist eine Spiritualität ohne die Religion undenkbar. Spiritualität ist immer an die Religion des Islams geknüpft, bzw. im Islam nimmt die Spiritualität einen großen Stellenwert ein. Daher kam es innerhalb des Islams zu keinen spirituellen Formen oder Bewegungen außerhalb der Religion.

Während in der Vergangenheit der Nichtglaube eine Privatangelegenheit war, ist durch die Säkularisierung der Glaube eine Privatangelegenheit geworden (Çelik,

---

[10] Simmel ging davon aus, dass Geld und Kapitalismus die Stelle von Religion einnehmen würden. Auch begrifflich stellt er dies fest: heilige Messe und kommerzielle Messe, Beruf und Berufung, Schuld und Schulden, Offenbarung und Offenbarungseid, Credo und Kredit, Erlös und Erlösung.

2017, S. 217). Religiosität wurde in der Vergangenheit öfters als ein moralisch-vorbildliches Leben verstanden. In der Moderne ist jedoch nicht mehr der Glaube an sich, sondern Rituale und Symbole von Religionen sind in den Vordergrund gerückt. Während Religionen Sicherheit boten, werden sie heute selbst im Hinblick auf Sicherheitsfragen betrachtet.

Trotz dieser Entwicklungen ist keine Abnahme von Religionen in Sicht, sondern Religionen und Religiosität – in den verschiedensten Formen – nimmt zu. Daher ist der Blick der Religionssoziologie gerade auf diese Entwicklungen bedeutsam.

Autoren wie Kant, Hegel, Marx, Freud und auch Comte boten erste Schritte hin zu einer Religionssoziologie. Doch erst durch die Arbeiten von Max Weber und Emile Durkheim entwickelte sich die Religionssoziologie zu einer eigenständigen Wissenschaftsdisziplin, vor allem in westlichen Forschungsgebieten. Dabei untersuchte Durkheim die Entstehungsphase der Religionen und verwendete 1898 zum ersten Mal den Begriff der Sociologie de la Religion (Soziologie der Religion). Weber hingegen, widmete sich eher den Auswirkungen der Religion auf das gesellschaftliche Leben. Mit Anlehnung an Rickert und Dilthey, entwarf er das Konzept einer "Verstehenden Soziologie", in dem es darum geht, denn Sinn einer menschlichen Handlung erklärend zu verstehen. In seiner Arbeit über die protestantische Ethik und den Geist des Kapitalismus legte Weber (2005) dann den Grundstein der Religionssoziologie. Begriffe wie Charisma oder Sekte erhielten durch Weber eine soziologische Bedeutung. Die

Konzentration der Studien lag jedoch nur auf dem Christentum, so dass z.B. der Islam auf dem Spektrum der Religionssoziologen nur bedingt auftrat.

Islamische Religionssoziologie

Auf Grund der Tatsache, dass sich Religionssoziologie in christlich geprägten Ländern entwickelte und als Forschungsuntersuchungsobjekt größtenteils das Christentum diente, braucht es Zeit, bis sich eine islamische Religionssoziologie entwickelt. Selbst in Ländern mit überwiegend Muslimen entstehen erst in der Gegenwart erste Konzepte einer islamischen Religionssoziologie.

Der Aufbau einer islamischen Religionssoziologie ist jedoch zentral, da die Methoden, mit der z.B. eine christliche Religionssoziologie betrieben wird, nicht ohne Forschungsprobleme auf andere Religionen und umgekehrt, anwendbar sind. Schon der Charakter der Institutionalisierung des Christentums durch die Kirche ist ein Faktor, der nicht ohne Weiteres auf andere Forschungsgebiete übertragen werden kann. Aber auch die Erfahrungswerte der christlichen Geschichte können nicht dazu führen, andere Religionen auf die gleiche Art und Weise zu betrachten und zu analysieren. Daher gibt es in der Literatur die Idee der Ausgestaltung einer eigenständigen islamischen Religionssoziologie (vgl. Sezen, 1994; Günay, 2006; Çelik, 2009; Safa, 2018).

Dabei ist die Soziologie als Fachgebiet in der islamischen Welt nicht unbekannt. Ibn Haldun (14. Jhr.), der auch als Begründer der Soziologie oder zumindest als ihr Vordenker bezeichnet wird, untersuchte islamische Gemeinschaften und hob die Bedeutung der Stammeszugehörigkeit (Asabiyya) in diesen

74

Gemeinschaften hervor. Trotz dieser frühen Forschungen fand die Soziologie als moderne Wissenschaft erst im 20. Jhr. Einzug in die muslimische Welt.

Religionssoziologie als eine allgemeine Disziplin ist seit Mitte des 20. Jhr. auch in der muslimischen Literatur zu finden. Obgleich auch schon hier Islamgelehrte wie Farabi (10. Jhr.), Mawardi (11. Jhr.), Ghazali (11. Jhr.) und der bereits erwähnte Ibn Haldun (14. Jhr.) die Beziehung zwischen Religion und Gesellschaft untersuchten. In der Neuzeit legten Ali Schariati und Cevdet Said Grundsteine für eine islamische Religionssoziologie (Subaşı, 2015, S. 396).

In der Türkei war es Ziya Gökalp, der Anfang des 20. Jhr. erste Arbeiten zur islamischen Religionssoziologie verfasste. Beeinflusst durch die Gedanken von Durkheim, versuchte er dessen Analysen auf den Islam und die türkische Gesellschaft anzuwenden. Dabei trafen jedoch die bereits erwähnten Forschungsproblematiken auf. Erst ab der 2. Hälfte des 20. Jhr. entstanden erste eigenständige Gedanken zur islamischen Religionssoziologie.

Dabei entstanden auch wesentliche Unterschiede zur europäischen Religionssoziologie. Während die europäische säkular orientiert ist, fällt auf, dass bei der Systematisierung des Fachgebiets der islamischen Religionssoziologie muslimische Autoren immer wieder die Bedeutung des Korans für die Soziologie hervorheben.

Religionssoziologie im Koran

Die islamischen Religionssoziologen beschäftigen sich u.a. mit der Frage der Gesellschaft im Koran. Dies ist dem Umstand geschuldet, dass im Koran viele Verse vorhanden sind, die den gesellschaftlichen Umgang der Menschen miteinander thematisieren. Beispielsweise werden in Kapitel 49 (Al-Hugurat; Die Gemächer) hierzu verschiedene Empfehlungen gemacht, wie z.B., dass Rassismus und Diskriminierung Zwietracht und Streit unter den Menschen auslösen (Şahiöz, 2020a, S. 172-176).

Daher betonen muslimische Soziologen den soziologischen Aspekt im Koran. Laut Schariati beinhaltet der Koran auch geschichtswissenschaftliche und soziologische Theorien und sollte daher von diesen Fachrichtungen auf diese untersucht werden (1980). Cevdet Said betrachtete ausgehend vom Koran individuelle und gesellschaftliche Veränderungen und leistete so einen Beitrag zur Religionssoziologie im islamischen Kontext (Subaşı, 2014; Safa, 2018, S. 197). Um Religionssoziologie in muslimischgeprägten Gesellschaften oder generell im islamischen Kontext zu betreiben, wird daher empfohlen, den Koran und die Überlieferungen des Propheten Muhammed mit zu betrachten (Cebeci, 1978; Safa, 2018, S. 199).

Islam und Gesellschaft

Max Weber hatte die Annahme, dass einzig die christliche Religion, speziell der Protestantismus in Europa, auf Grund bestimmter Kriterien die Entstehung des Kapitalismus fördert. Den Islam betrachtete Weber als Gegensystem zum Kapitalismus und gleichzeitig als Beispiel, dass eine Religion Kapitalismus auch verhindern kann. Dass heißt, Religionen fördern oder verhindern nicht per se Kapitalismus, sondern es kommt auf das inhaltliche System einer Religion an, wie sie dem Kapitalismus entgegensteht.

Doch auch in Ländern mit überwiegend Muslimen wurden nach der industriellen Entwicklung die Themen Religion, Kapitalismus und Säkularisierung immer wieder aufgegriffen. Durch den Einzug der Technik in den Alltag ergaben sich neue religiöse Fragen. Die Funktion von Religion im Alltag änderte sich. Sie verlor jedoch nicht an Bedeutung, sondern sie änderte seine Form der Ausprägung.

Mit der Industrialisierung und Säkularisierung gab es Anfang des 20. Jhr. in der islamischen Welt einerseits die Auffassung, die neuen Erkenntnisse der Moderne und Technik aufzunehmen und andererseits die Modernisierung komplett abzulehnen. Der Islamgelehrte Said Nursi (1876-1960) vertrat die Idee, die positiven Entwicklungen der Zivilisation anzunehmen (1978, S. 61ff). Diese Idee wurde auch von der Mehrheit der Gelehrten getragen. Die zweite Variante, also die komplette Ablehnung, vertraten nur eine verschwindend geringe Minderheit, so dass sich die muslimischen Gesellschaften der Neuzeit anpassten. Aus dem Gedankengut der Ablehnung entwickelte sich jedoch später der gegenwärtige Extremismus (vgl. Şahinöz, 2016a).

Durch die Moderne entstanden auch neue theologische Fragestellungen, die den Alltag der Menschen betrafen, sowohl auf der Mikro-, als auch auf der Makroebene. Auf der Makroebene entwickelte sich folglich auch eine islamische Wirtschaftsethik, bzw. die schon vorhandene wurde der Moderne angepasst.

Wiederum andere Sinn- und Alltagsfragen mussten neu gedacht und interpretiert werden. Dabei ging es darum, ob man die vorhandenen Interpretationen des Islams aufgriff oder neue weltliche (säkulare) Deutungen und Paradigmas entwickelte. Auch die Religion selbst wurde neu interpretiert und soziologisch aufgegriffen. Dabei machten Länder mit mehrheitlich muslimischer Bevölkerung im Vergleich zu Europa eine unterschiedliche Säkularisierung durch. Daher ist es wichtig zu schauen, von welcher Art Säkularisierung man spricht.

Laizismus – Säkularismus - Kemalismus

Der Begriff des Laizismus (laicisme) wurde schon im 16. Jhr. für Personen verwendet, die kein Priestertum innehatten, jedoch in der Verwaltung der kirchlichen Institutionen tätig waren. Auch in Frankreich, seit 1870, wurde der Begriff abgeleitet vom griechischen Begriff laikos, für Personen allgemein verwendet, die kein

Priestertum hatten. Laizismus als Staatsform entstand in der französischen Aufklärung und betonte die Unabhängigkeit des Denkens und Handelns von kirchlichen Vorgaben, oder wie Philosophen jener Zeit meinten, vom Glauben. Wenn gegenwärtig vom Laizismus gesprochen wird, ist damit meistens die Neutralität eines Staates gegenüber Religionsgemeinschaften gemeint.

Die Säkularität meint die Unabhängigkeit jeglichen staatlichen Handelns und seiner Rechtsprechung. Daher ist es auch eine Art "Verweltlichung" des Staates. Es bedeutet einerseits die Trennung zwischen Religion und Staat. Religionen sind in diesem Zusammenhang im öffentlichen Raum nicht sichtbar. Gläubigkeit und Religion sind private Angelegenheiten des Bürgers und müssen aus dem gesellschaftlichen und somit staatlichen Planen und Tun herausgehalten werden. Andererseits bedeutet es jedoch eine Kooperation zwischen Staat und Religionen. Dass bedeutet, Staat und Religionsgemeinschaften machen gemeinsam Verträge z.B. über verschiedene gesellschaftliche Aufgaben und Funktionen.

Die in der Türkei praktizierte Form dagegen, wird in der Literatur als Kemalismus[11] bezeichnet. Auch wenn hierzu in der Theorie propagiert wird, es gebe eine Trennung von Religion und Staat, ist in der Praxis eine klare Trennung nicht sichtbar. Religion ist in dieser Form bürokratisch ausgerichtet. Theologische Legitimität und

---

[11] Abgeleitet vom Namen Mustafa Kemals (1881-1938), der zu dieser Staatsform führte.

Autorität ist gebündelt beim Staat. Der Staat selbst organisiert und kontrolliert Religion, bildet Theologen aus und diese Theologen sind Beamten des Staates. Im Kern entspricht dies nicht dem Wesen des Islams, der religiöse Institutionen in dieser Form nicht kennt, sondern eher individuell ausgerichtet ist. Daher entstanden vielerlei Konflikte, nicht nur auf der theologischen Ebene, sondern auch im gesellschaftlichen Alltag, die im kommenden Kapitel näher beschrieben werden.

Auf Grund der Kemalismusthematik wurde in der Türkei die Religionssoziologie immer mit diesem Gesichtspunkt analysiert und war daher stark ideologisch contra oder pro belegt.

Funktion der Religion im neugegründeten Türkischen Nationalstaat

Im Laufe des 18. und 19. Jahrhunderts entwickelte sich Europa technologisch und wissenschaftlich auf eine neue Ebene, die parallel zur Stärkung in Militär, Wirtschaft und Politik führte. Aus sozialpolitischen und –kulturellen Gründen konnte das Osmanische Reich dieser Entwicklung nicht standhalten. Zudem stand sie wirtschaftlich unter dem Einfluss europäischer Länder. Im Zuge dieser Entwicklungen kam es zu vielen kleinen und großen Kriegen rund um das Osmanische Reich. Hinzu kommt, dass sich das Osmanische Reich 1918 unter den Verlierern des ersten Weltkrieges befand. Die Siegermächte versuchten das Reich unter sich aufzuteilen. So wurde eine Verteidigungsarmee aufgebaut, die die Besatzer aus dem Land trieb. Daraufhin wurde am 23. April 1920 die Türkische Republik gegründet.

Die neue Republik sah das Festhalten an den Traditionen als Grund für den Untergang des Osmanischen Reiches. Daher sollten neue Werte importiert werden und die Türkei, welches ein Nationalstaat werden sollte, sollte wirtschaftlich, kulturell und sozial aufsteigen. Hierzu brauchte man grundlegende Reformen. So erlebte das Volk eine Reihe von politischen, juristischen, kulturellen und religiösen Reformen, die die Fundamente der Gesellschaft veränderten.

Es gab Umwälzungen auf allen Ebenen des sozialen Lebens (vgl. Şahinöz, 2019, S. 53-55). Deshalb

81

bezeichnet Schiffauer diese Revolution als „zweifellos eine der radikalsten - wenn nicht die radikalste - Kulturrevolution dieses Jahrhunderts" (2000, S. 41), die „in ihrem antireligiösen Impetus und Pathos die Französische Revolution weit in den Schatten stellte" (2003, S. 148). Das Volk, das sich gerade vom Krieg erholte, erlitt einen Kulturschock. Besonders das konservative Volk fühlte sich unterdrückt. Plötzlich standen neue Werte im Mittelpunkt der Gesellschaft. Um das Ausmaß des extremen Charakters dieser Reformen zu verdeutlichen, gibt Schiffauer ein Beispiel: „Man stelle sich vor, dass hierzulande (gemeint ist Deutschland; Anmerkung des Autors) die arabische Schrift und der arabische Kalender eingeführt würden. Der Sonntag würde durch den Freitag als Ruhetag ersetzt; das Tragen des Huts würde strafrechtlich verfolgt und das Tragen des Turbans angeordnet. Das arabische Zivilrecht (mit allen Implikationen für das Ehe- und Erbrecht) würde übernommen. Darüber hinaus würde die Kirche der Aufsicht des Staates unterstellt und der Religionsunterricht abgeschafft. All dies geschähe in der expliziten Absicht, die Bundesrepublik aus dem europäisch-christlichen Kontext zu lösen und sie auf den Standard der islamischen Kultur und Zivilisation zu heben" (2000, S. 46).

Diese neue Einstellung führte dazu, dass (europäische) Ideen des Rationalismus und Positivismus, die gegen Ende des 19. Jahrhunderts Eingang im Osmanischen Reich, besonders in Istanbul, gefunden hatten (vgl. Ülken, 1966, S. 200), zum Fundament des neuen Staates wurden. Dadurch entwickelte sich zwischen den Republikanern und den Konservativen ein Konflikt, der

82

immer größer wurde. Die Abschaffung des Kalifats am 3. März 1924 war ein großer Schritt gewesen. Es erforderte eine gesellschaftliche Veränderung von Grund auf. Parallel wurde schon 1924 das Amt für Religiöse Angelegenheiten gegründet, um die Religion kontrollieren zu können. In den folgenden Jahren bis 1934 wurden alle Anzeichen und Symbole des Islams, welche als Bindeglied zwischen den verschiedenen Völkern in der Türkei dienten, aus dem gesellschaftlichen Leben entfernt. Der neue Nationalstaat blockierte die Verbindung der Muslime zur Vergangenheit (Mardin, 2003, S. 48). Laut Mardin, versuchte man auf diese Weise, das kollektive Gedächtnis auszulöschen, in dem man islamische Symbole verdrängte. Der Islam sollte nicht am öffentlichen Leben teilhaben und der islamischen Kultur wurde nicht gestattet, sich zu entwickeln (Mardin, 1997, S. 362ff).

Diese Reformen hatten einen so großen Einfluss, so dass noch Jahrzehnte danach eine große Spannung zwischen dem Staat und der Gesellschaft bestand. Dieser Konflikt artikuliert sich zwischen islamischen sozialen Bewegungen und der Staatsideologie, dem Kemalismus (Yavuz, 2004, S. 121).

Die Befürchtung einiger Islamgelehrte und säkularer Intellektuellen war, dass durch eine blinde Nachahmung die Gesellschaft in einen Identitätskonflikt gleiten könnte. Durch Werte von außen, die keinen Grundstein in der Gesellschaft hatten, und nur durch Druck vermittelt wurden, entstanden neue Probleme und Fragestellungen. Diese neuen Fragestellungen könne man wiederum mit dem bindenden Charakter der Religion bewältigen (vgl. Mardin, 2003). Hier nahm die Religion die Funktion eines Bindegliedes innerhalb der Mitglieder ihrer Gesellschaft ein. Der Islam war in diesem Kontext ein gemeinsamer Nenner für die unterschiedlichsten gesellschaftlichen Schichten. Sie war identitätsstiftend. Deshalb wurden trotz vieler Reformen und Staatsideologien, die islamischen Werte und Traditionen aufrechterhalten und in der Praxis weitergelebt.

Vor allem ab den 70ern erlebte die türkische Gesellschaft wieder einen Aufstieg der Religiosität im Alltag. Dies wurde auch im politischen Geschehen deutlich, so dass sich politische Parteien bildeten, die sich stärker auf die Religion beriefen. In den nächsten Jahren entstanden viele Studien über islamische Gruppen, die jedoch, wie schon erwähnt, ideologisch angehaucht waren. So wurde in den Studien oftmals attestiert, dass islamische Gruppen als Gegner der Moderne entstanden sind und im Zuge der Säkularisation vollständig abgelöst werden. Viele dieser Autoren waren von Säkularisations-Theoretikern beeinflusst, die die These vertraten, dass die Gesellschaft religionsloser wird.

Vergesellschaftung der Religion

Jede gesellschaftliche Öffnung zwingt zur mentalen und sozialen Bewältigung der Veränderungen, die mit der Modernisierung einhergehen. Diese, durch gesellschaftliche Veränderungen provozierte Auseinandersetzung kann zu einer Aktivierung religiösen Bewusstseins führen und zu einer gesteigerten Bereitschaft zur Organisation in Namen der Religion (Seufert, 1997b, S. 127). Said Nursi versuchte dies mit einem Modell zu bewältigen.

Laut Lemmen (1997) geht das Modell Said Nursis „davon aus, dass die heutige Gesellschaft sich in einer ideologischen Krise befindet und daher einer fundamentalen Veränderung und inneren Stabilität bedarf." Diese Veränderung zu bewirken, sei nach Auffassung von Said Nursi die eigentliche Mission des Islams in der heutigen Zeit. Die Voraussetzungen dafür seien:

- „die Stärkung des Glaubens durch Gewissensschärfung;
- die Verlagerung der islamischen Arbeit von Einzelpersonen in die Verantwortung von Gruppen (Said Nursi vertrat die Auffassung, dass gesellschaftsverändernde Leistungen nur in Teamarbeit bewältigt werden können. Es ist allerdings notwendig, dass die einzelnen Gruppen sich gegenseitig anerkennen, respektieren und zusammenarbeiten. Seine Regel: Du magst das Recht haben, zu sagen, dass deine Methode der

bessere Weg oder richtiger sei. Du hast aber nicht das Recht zu behaupten, dein Weg sei der einzig richtige und nur dein Weg sei gangbar);

- Verwirklichung des Einheitsgedankens unter den Muslimen, in den Beziehungen der islamischen Staaten untereinander, schließlich in der Kooperation mit anderen Religionsgemeinschaften und hier insbesondere mit den Christen" (Lemmen, 1997).

Durch dieses Modell bot Nursi den Muslimen eine neue weltliche und moderne Ethik an, in dem er mehr Zusammenhalt, Toleranz und Hilfsbereitschaft in der Gesellschaft verlangte (2000d, S. 49; 2004, S. 52ff). Der Muslim konnte und sollte seine Religiosität nicht vor der Öffentlichkeit verstecken, sondern sie offen und modern ausleben können. Die Welt solle man auf Grund der Religion lieben (1995, S. 97). Ohne sich mit dem Herzen dem Weltlichen zu binden, solle man auch nicht vor dieser flüchten (2000c, S. 106ff; 2001d, S. 33). Also weder für noch im Namen des Weltlichen (Weber, 2005). Denn für Nursi gab es den "Anderen" nicht. Konsequenterweise ist die Öffentlichkeit nicht der Raum des "Anderen". Der Muslim hätte das gleiche Recht, sich in der Öffentlichkeit zu zeigen. Dies könne aber nur gelingen, wenn jedes Individuum gleichen Zugang sowohl zur Moderne als auch zur eigenen Religion hat. In der Hand der wenigen oder der Gelehrten, würde die Religion zum Einschlafen verdammt sein.

Deshalb ging es für Nursi darum, dass jeder Einzelne den Sinn des Korans versteht. Bloßes Auswendiglernen der Koranverse reichte für Nursi nicht aus. Das gleiche

Prinzip finden wir auch bei der Praktizierung der Tradition des Propheten. Wie für alle Muslime spielt diese Tradition auch bei Nursi eine große Rolle. Jedoch stellte Nursi auch hier den Sinn der Praktiken in den Vordergrund als die Praxis selbst. Viel wichtiger war es für Said Nursi, dass jeder einzelne Gläubige in jeder Situation und in jeder sozialen Lage seine Religion ausleben konnte, unabhängig von Ort, Aussehen oder anderen Gegebenheiten. Auf diese Weise versuchte er die Religion zu vergesellschaften und zugänglich für jedes Individuum zu machen. Ali Ulvi Kurucu, ein islamischer Gelehrte aus Medine, schrieb hierzu: „Die geistigen Eroberungen, die 900 Jahre früher Ghazali im Bereich der Moral und Tugend gemacht hat, hat Bediüzzaman (Ein Beiname Said Nursis; Anmerkung des Autors) in diesem Jahrhundert auf dem Gebiet des Glaubens und der Aufrichtigkeit (im Pluralismus) erfolgreich errungen. [...] Er hat in seinem Gesamtwerk Risale-i Nur alle wichtigen religiösen, sozialen, moralischen, literarischen, juristischen, philosophischen und mystischen Themen behandelt und wurde auch in allen in einer außergewöhnlichen Weise erfolgreich. Der Punkt, der die Menschen in Staunen versetzt, ist, dass er die schwierigsten Themen, in denen viele Gelehrte gefährliche Wege eingeschlagen haben, in einer sehr klaren Form und in einer sehr exakten Weise gelöst hat. Er selbst hat aus den abgründigen Tiefen durch das Befolgen des erleuchteten Weges des Islam im Sinne der Sunna die Küste des Friedens und Rettung für sich selbst erreicht und lässt sie die Leser seiner Werke erreichen" (Nursi, 2001a, S. 15, 18). Dadurch schaffte es Nursi, dass die Religion individuell an Bedeutung gewann und nicht mehr an bestimmte Autoritäten gebunden war.

Nursi lehnte daher die Idee ab, dass eine Wahrheit nur das Eigentum von Auserwählten oder einer Elite sein könne. Jeder Mensch hätte einen Zugang zur Wahrheit. Nursi schreibt die Offenlegung der Wahrheit keiner bestimmten Region, ethnischen Gruppe oder sozialen Klasse zu. Von Geburt an seien alle Menschen gleich (vgl. Karabaşoğlu, 2003, S. 276). Auf diese Weise begrenzte Nursi seine Zuhörerschaft nicht auf die Bürger, die innerhalb der Grenzen eines bestimmten Nationalstaats leben, einer besonderen sozialen Klasse, ethnischen Gruppierung oder Altersgruppe angehören.

Zum gesellschaftlichen Modell Nursis gehört auch die Einstellung zur Arbeit. Nursi vertrat die These, dass der Mensch arbeiten muss um zu überleben und nicht andersherum. Arbeit sei notwendig, damit die Gesellschaft in Takt bleibt. Zwei Gedanken würden diesem Modell jedoch Schaden: 1. „Solange ich satt bin, was geht es mich an, wenn andere an Hunger leiden." 2. „Du erleidest Not, so kann ich gut leben, du arbeitest, so kann ich essen."[12] Laut Nursi würden diese Gedankenwege die Gesellschaft zerstören, wären die Ursprünge aller Verderbnisse und die Auslöser und Quelle der schlechten Moral (1995, S. 124; 2001b, S. 456; 2001d, S. 648). Der Mensch müsse stattdessen ständig forschen. Die Wunder der Propheten würden der Menschheit die Grenzen der Wissenschaft zeigen. Bis

---

[12] An anderer Stelle kommen zwei weitere Sätze hinzu: „Wenn ich auf Grund von Durst sterbe, soll es nie wieder regnen. Wenn ich keinen Frieden finde, soll die Menschheit verderben" (Nursi, 1995, S. 63ff).

diese Grenzen erreicht sind, muss der Mensch nach Wissen streben (1995, S. 39). Dieses Streben und allgemein Arbeiten sei ebenfalls ein Gottesdienst (1995, S. 146; 2001a, S. 405; 2001d, S. 27, 29, 247; 2002, S. 47, 49, 350ff). Denn bewusste Arbeitslosigkeit und Faulheit würde sowohl dem Menschen selbst, als auch der Gesellschaft schaden (1995, S. 138, 155-158; 2001b, S. 463). Dieser kalvinistische Geist erinnert sehr an Webers "Protestantische Ethik" (2005).

Durch dieses Modell erhielt jedes Individuum einen Zugang zum Glauben und die Religion wurde in die Gesellschaft in den Alltag integriert.

Religiosität im Alltag

Ungeachtet davon, was mit Religion und Religiosität - zu denen es wie bereits erwähnt keine einheitliche Definition gibt - gemeint ist, findet man sie immer und überall. Religion ist daher überall präsent. Sie bestimmt den Alltag viel mehr als man öfters vielleicht wahrnimmt. Da ihre Präsenz überall ist, nimmt man sie gerade deshalb nicht wahr oder erkennt sie nicht als Religion.

So ist Religion alltäglicher Bestandteil des Lebens. Manchmal sind es die bekannten Symbole - Kreuz, Kippa, Kopftuch - und manchmal nur Riten, Bräuche oder Denkweisen, die ihren Ursprung in der Religion haben. Z.B. gibt es viele Aberglauben, die ihren Ursprung in einer bestimmten Form in einer Religion haben. Man findet Religion aber auch in Kunst, Musik, Literatur, Kleidung, Hochzeitsriten, Feiertage, Geburt, Sprichwörtern, Begrüßungsformen, Glaube an Macht und Mächte, Glaube an Esoterik, neue "moderne" spirituelle Lebensweisen, in Form von Menschen, ja sogar in Form von Gebäuden oder als Straßennamen. Auch die Institution Ehe ist ein religiöser Akt. Zu guter Letzt begegnet uns die Frage der Religion im Tod, auf Beerdigungen.

Religion prägt auch die Alltagskultur einer jeden Gesellschaft. Sie formt sie und gibt ihr einen Sinn. Vor allem bei der Entstehung einer Kultur, bei Moral und Ethik spielt Religion eine große Rolle. Erst Religion gab den Menschen ein Gemeinschaftsprinzip. So konnten

90

Gesellschaften entstehen, die auf das Miteinander und die Fürsorge aufbauen.

Wenn man Religion und Religiosität im Kontext des Islams betrachtet, erscheint es sinnvoll, zunächst auf den Begriff zu schauen, der hierfür im Koran verwendet wird. Din lautet der Begriff im Koran, der gängig mit Religion übersetzt wird. Etymologisch bedeutet din jedoch Verpflichtung, Richtung.

Mit Blick auf die Bedeutung des Begriffes Islam, nämlich "Hingabe (an den einen Gott)", ist in diesem Kontext die Verpflichtung gemeint, ein gottgewolltes, gottergebenes Leben zu führen und seine Handlungen dementsprechend zu richten. Der Gläubige handelt dann so, wie er meint, dass Gott mit ihm zufrieden wäre. Dadurch wird die Religion zu einer Lebenseinstellung und Lebensweise. Jede Handlung wird dadurch zu din. Mit anderen Worten das ganze Leben und der Alltag wird zu din.

Daher umfasst der Islam alle Lebensbereiche. Es gibt keine Themen oder Bereiche, die im islamischen Sinne nicht religiös wären. Alles hat einen religiösen (theologischen) Kontext. Die strikte Trennung zwischen weltlichem und religiösem ist im Islam nicht bekannt.

Deshalb ist Religion im Islam nicht eingesperrt in Gotteshäuser. Es gibt keine Trennung zwischen religiös und nicht religiös. Jeder Akt ist im Islam quasi ein religiöser Akt, entweder im sinne (positiv) Gottes oder nicht. Daher gelten nicht nur die bekannten Gottesdienste oder der Gang in die Moschee als religiös, sondern auch jede Handlung im Alltag. So handelt der Muslim in jedem Moment religiös, (jedoch nicht im alltagssprachlich verwendeten Sinn).

Muslime gehen davon aus, dass das Gebet die Moral und Ethik verbessert. Dass heißt, das Gebet hat einen Einfluss auf den Charakter, der sich wiederum im Alltag widerspiegelt. In einem Hadith sagte der Prophet: „Religion ist gute Moral" (Deylemi; Gazali, Ihya, 3/50). Und es gibt zahlreiche Ahadith mit der Bedeutung „Dessen Glaube ist am schönsten, wessen Moral am schönsten ist" (Tirmidhi, Radâ: 11, No: 1162, 3/457; Ebu Dâvud, Sünnet: 16, No: 4682; Buhari, Edeb: 38). Moral und Alltag sind unzertrennbar, denn Moral ist erst im Alltag ersichtlich. Wenn man demnach Moral und Ethik im Alltag begegnet, begegnet man auch immer Religion.

Als Aischa, die Frau des Propheten Muhammed, eines Tages befragt wurde, wie der Prophet gelebt hatte, antwortete sie: „Habt ihr nie den Koran gelesen? Seine Moral war die Moral des Korans" (Al-Baihaqi). Das heißt, für den Muslim sind Werte, Moral, Ethik, Alltagspraxis aus dem Koran herauslesbar. Daher orientiert er sich im Alltag an dieser Moral und versucht dadurch ein gottgefälliges Leben zu führen.

Religion fördert in diesem Sinne im Alltag die Notwendigkeiten und Grundprinzipien einer menschlichen Gesellschaft, wie Hilfsbereitschaft, Fürsorge, Miteinander, Füreinander, Gerechtigkeit, Freiheit, Liebe, Toleranz, Akzeptanz und Dialog. Denn all diese gelten als Merkmale eines gottgefälligen Lebens.

Schwieriger wird es, wenn man von Religiosität spricht. Jeder versteht unter Religiosität etwas Anderes. Wenn man fragt, ob man sich selbst als religiös einstuft, wird dies jeder nach seinen im Kopf befindlichen Kriterien tun. Denn ist gibt keine Indizien oder Kriterien um zu bestimmen, wie religiös man ist. Laut dem Islam kennt nur Gott die Herzen. Für den einen ist man religiös, wenn man 5-mal am Tag betet, der andere wird sich auf das Freitagsgebet beschränken und wieder andere werden es an Kleidungsmerkmalen ausmachen. Viele erkennen ihre Religiosität erst, wenn sie mit ihrer Religion konfrontiert werden.

Laut einer Studie geben 85% der Muslime in Berlin an, dass ihre Religion in ihrem Alltag eine große Rolle spielt (zum Vergleich: 88% in London, 68% in Paris; Nyiri, 2007). Was dies für eine Rolle ist, ist jedoch immer unterschiedlich. Wichtig ist, dass diese Personen es selbst so einschätzen und sagen, dass es für sie persönlich wichtig ist.

Auch die kleinsten Dinge könnten dabei zu einer "Rolle im Alltag" werden. Wenn Muslime z.B. mehrmals am Tag, auch außerhalb der Gebete, den Korankapitel "Fatiha" lesen, wenn sie vor Beginn einer jeden Tat „Im Namen Gottes, des Barmherzigen, des Allerbarmers" sagen oder wenn sie in ihren alltäglichen Redewendungen und im Sprechen bewusst oder unbewusst Wörter mit Allah (Gott) in den Mund nehmen – wie z.B. insaallah, masaallah, barakallah, hamdulillah, subhanallah – so ist Allah mitten im Alltag der Muslime.

Orthopraxie im Islam

Mit dem Begriff Orthopraxie bezeichnet man eine theologisch richtige Handlung. Seinen Ursprung hat der Begriff im christlichen. Hintergrund ist, dass man im Zuge der verschiedenen christlichen Strömungen, versuchte, wenigstens eine einheitliche, ökumenische "richtige Praxis" zu erarbeiten.

Im islamischen Sinne könnte man den Begriff mit der Heranführung der Absichtsbekundung (Niya) begreifen. Ein Ritual wird im Islam erst durch die innerliche Absichtsbekundung zu einem "Gottesdienst", z.B. wird die körperliche Waschung vor dem Gebet erst durch die Absichtsbekundung zu einem religiösen Akt, ansonsten bleibt es nur eine körperliche Reinigung. Eine gleiche Tat wird also erst durch die Absicht, durch die Motivationsgründe zu einem unterschiedlichen Akt. So lautet ein Hadith des Propheten Muhammed: „Alle Taten werden nach ihren Absichten beurteilt" (Buhari, Bedü'l-Vahy: 1; Muslim, Imare: 55; Ebu Davud, Talak: 11). Der Islamgelehrte Said Nursi interpretiert dies folgendermaßen: „Die Absicht besitzt in der Tat eine solche Besonderheit, dass sie gleich einem ganz erstaunlichen Elixier oder einer Art Hefe die Gewohnheiten und Verhaltensweisen in einen Gottesdienst umwandelt" (Nursi, 2011, S. 125).

Bei jeder Handlung ist es daher erforderlich, sich der Transzendenz Gottes bewusst zu werden und sich ihm zuzuwenden. Die Absichtsbekundung macht dadurch eine Handlung zu einer Bezeugung der Existenz Gottes.

Die Verantwortung vor Gott wird bewusst, zumindest im Unterbewusstsein. Daher reicht die Absicht nicht aus, sondern ist kombiniert mit der tatsächlichen Handlung, wenn diese ausführbar ist. Falls eine Handlung nicht ausführbar ist, jedoch diese beabsichtigt war, wird dies theologisch so bewertet, als hätte die Handlung stattgefunden. Wie wenn z.B. jemand auf Grund einer Krankheit einen Gottesdienst nicht ausführen kann, welches aber bei einer Gesundheit ausgeführt gewesen wäre.

Was zählt ist daher eine gute Absicht. „Des Weiteren ist die gute Absicht, die in sich selbst eigentlich leblos und tot ist, der gute Geist, der unserer inneren Haltung Leben verleiht und der sie in einen lebendigen, einen von Leben erfüllten Gottesdienst umwandelt. Des Weiteren liegt in der Absicht eine Besonderheit, der Art, dass sie das Böse in das Gute und das Gute in das Böse zu verwandeln vermag. Das heißt, eine gute Absicht entspringt einem guten Geist. Der wahre Geist dieses Geistes ist die Wahrhaftigkeit. [...] Durch seine gute Absicht wird also ein Mensch zu einem, der beständig in Dankbarkeit verweilt und sich in seiner Dankbarkeit Verdienste erwirbt" (Nursi, 2011, S. 125ff). Von einer guten Absicht spricht man, wenn eine Handlung nur um Gottes Willen zu erlangen, ausgeführt wird. Eine Handlung, selbst wenn sie ein Gottesdienst ist, für andere Motive und Zwecke außerhalb der Erreichung der Zufriedenheit Gottes, wird im theologischen Sinne nicht als Gottesdienst bewertet und wäre demnach keine "richtige Praxis", um in der christlichen Terminologie zu bleiben.

Daher ist in der Orthopraxie des Islams immer die Absicht im Vordergrund. Sie ist der zentrale Punkt, selbst wenn eine Handlung letztendlich nicht tatsächlich stattfinden würde.

Religiosität in der Türkei

In den letzten Jahren haben in der Türkei sozialwissenschaftliche und religionssoziologische Studien, die empirisch arbeiten, zugenommen. Der gesellschaftliche Wandel in der Türkei hat auch Institutionen und Einrichtungen hervorgebracht, die diesen Wandel soziologisch untersuchen. Vor allem die Religiosität der Türken in der Türkei steht dabei im Fokus.

Hierzu gab es bereits 2014 eine breit angelegte Studie mit dem Titel "Religiöses Leben in der Türkei". Diese Studie wurde von Diyanet (2014) – dem Präsidium für Religionsangelegenheiten in der Türkei – in Kooperation mit dem Statistischen Amt der Türkei durchgeführt. 21632 Personen in 81 Provinzen wurden damals befragt. Die Studie wurde aufgeteilt in sechs Bereiche: Religiöse Identität, Glaube, Gottesdienst, Religionswissen, Leben und Religion, Religiosität.

2017 gab es eine ähnliche Studie, die vom Forschungsinstitut MAK (2017) durchgeführt wurde. Auch hier wurde die Religiosität der Befragten abgefragt. Die Studie wurde in 30 Großstädten (Ağrı, Aksaray, Artvin, Bayburt, Bitlis, Bolu, Düzce, Elazığ, Giresun, Gümüşhane, Karaman, Karabük, Kars, Kastamonu, Kırıkkale, Kırklareli, Kütahya, Nevşehir, Osmaniye, Sinop, Bilecik, Yozgat und Uşak), 23 Provinzen und 154 Distrikten durchgeführt. 5400 Personen wurden Face-to-Face befragt. 53,5% der Befragten sind männlich, 46,5% weiblich.

An dieser Stelle sollen die Ergebnisse beider Studien (da, wo es geht) verglichen und ein kurzes Fazit gezogen werden. Der Fokus liegt dabei auf der aktuelleren Studie, welches mit der Studie von 2014 verglichen wird.

86% der Teilnehmer geben an, dass sie irgendeiner Religion angehören. 6% bezeichnen sich als Deisten. 4% sind Atheisten und weitere 4% Agnostiker. Zum Vergleich: In der Studie von 2014 gaben 99,2% der Teilnehmer an, dass sie Muslime sind und 98,7% hatten keinen Zweifel darüber, dass es einen Schöpfer gibt. 87,5% bezeichneten sich als religiös. 20,9% gaben an, dass es egal ist, was oder wie sie glauben, solange sie moralisch korrekt sind. Insgesamt ist dies ein deutlicher Rückgang. Zudem gaben 2014 die Befragten zur Frage nach ihrer islamischen Rechtsschule an, dass sie 77,5% hanafitisch, 11,1% schafiitisch, 1% caferitisch, 0,3% malikitisch und 0,1% hanbalitisch sind. 6,3% gaben an, dass sie keiner Rechtsschule angehören und 2,4% wussten ihre Zugehörigkeit nicht.

75% der Befragten geben an, dass sie an die Offenbarungen und Engel Gottes glauben, 15% glauben nicht daran und 10% wissen es nicht. In der Studie von 2014 sagten 96,5% aus, dass alles, was im Koran steht, richtig ist und für alle Zeiten seine Gültigkeit behält. 95,3% glaubten an die Existenz von Engeln, Dschinn und Teufel. Auch hier ist ein deutlicher Rückgang zu verzeichnen.

Interessanter wird es, wenn man den Bezug zum Koran abfragt. Nur 25% sagen, dass sie den Koran zu Hause haben und lesen. 32% haben den Koran zwar zu Hause, lesen ihn aber nicht. 33% haben gar keinen Koran zu Hause und 10% haben gar keinen Bezug dazu. Dass bedeutet, nur 55% haben einen Koran zu Hause. Angesichts der Wahrnehmung der türkischen Gesellschaft scheint diese Zahl niedriger als erwartet zu sein. 32% können den Koran lesen, 54% nicht. 14% machen keine Angabe dazu. 25% besuchen einen Korankurs, 65% keinen. 10% geben keine Antwort dazu. 10% haben den Koran schon einmal auf Türkisch gelesen, 60% haben ihn nicht gelesen und 23% beantworten die Frage nicht. Bei der Studie 2014 sagten 41,9% aus, dass sie den Koran auf Arabisch lesen können.

Der Anteil der Befragten, die glauben, dass Gott einen Propheten schickte, beträgt 63%. 20% sagen, dass sie den Propheten Muhammed nicht in allen Lebenslagen zum Vorbild nehmen. 9% glauben an keine Prophetenschaft und 8% machen keine Aussage dazu. 2014 sagten noch 97,7%, dass sie an die Prophetenschaft Muhammeds glauben.

23% haben schon einmal die Biographie des Propheten Muhammed gelesen. 65% haben sie nicht gelesen. 12% machen keine Angaben dazu.

55% glauben an den Schicksalsbegriff. 15% gehen davon aus, dass alles determiniert ist. 10% sagen, dass der Mensch sein eigenes Schicksal macht, 10% glauben nicht ans Schicksal und 5% wissen es nicht. Auch hier der Vergleich: 98% bestätigten 2014, dass alles mit Gottes Willen geschieht.

73% glauben an ein Leben nach dem Tod. 10% glauben nicht, dass es ein jüngstes Gericht geben wird. 10% glauben an keine Auferstehung und 8% interessieren sich nicht dafür. 2014 sagten 96,2%, dass sie an ein Leben nach dem Tod glauben.

Auf die Frage, ob sie sterben wollen würden, wenn man ihnen das Paradies garantieren würde, sagen 15% „Ja". 65% sagen „Nein" und 20% können sich nicht entscheiden.

32% geben an, dass sie zum Freitagsgebet und an besonderen Nächten zur Moschee gehen. 30% gehen nie in eine Moschee. 12% nur an den Festtagsgebeten am Ramadanfest und Opferfest. 13% gehen regelmäßig in die Moschee. 13% geben keine Antwort dazu.

Die Grundsäule des Islams ist das 5-mal tägliche Beten (arabisch: salat). 22% sagen, dass sie 5-mal täglich beten. Exakt der gleiche Anteil von 22% ergibt sich bei den Personen, die nie beten. 26% beten ab und zu, 26% beten das Freitagsgebet und Festtagsgebete. 6% antworten nicht. 2014 gaben 42,5% an, dass sie 5-mal am Tag beten und 16,9% sagten, dass sie das rituelle Gebet nicht einhalten. 57,5% besuchten regelmäßig das Freitagsgebet. 74,4% fühlten sich unwohl, wenn sie keine Gottesdienste machen. 7,9% sagten, dass eins der wichtigsten Kriterien für Religiosität es ist, an wichtigen religiösen Tagen Gottesdienste abzuhalten

Der Anteil der Ausführenden erhöht sich bei den Fürbittgebeten (arabisch: dua). 75% geben an, dass sie

100

Fürbittgebete machen. 10% gelegentlich, 6% nie und 4% machen keine Aussage dazu. 2014 machten 92,5% Fürbittgebete, auch ohne einen speziellen Grund hierfür zu haben.

Auch beim Fasten ist ein hoher Anteil ersichtlich. 45% sagen, dass sie fasten. 25% fasten gelegentlich. 30% fasten nie und 10% verweigern die Antwort. 2014 gaben 83,5% an, dass sie fasten, wenn es ihre Gesundheit zulässt.

30% beziehen ihre Religionskenntnisse aus theologischen Büchern. Für 45% sind Internet und Fernsehen die Quelle ihrer Informationen. 20% fragen jemanden, dem sie zuschreiben, dass er es wissen müsste. 5% antworten nicht. 2014 sagten 47,4%, dass sie ihr religiöses Wissen größtenteils im Alter von 6 bis 10 Jahren angeeignet haben.

15% sehen sich zu einer islamischen Gruppierung zugehörig. 60% haben keinen Bezug. 25% machen keine Angaben dazu.

Auch zur Gülen Bewegung gibt es eine Frage. Es wird gefragt, ob die Bewegung dazu geführt hat, dass man skeptisch gegenüber religiösen Gruppierungen geworden ist. 35% bejahen diese Aussage. 50% sagen daher, dass der Staat solche Gruppierungen prüfen müsse. 12% sagen, dass sich für sie nichts verändert hat und 3% sind unentschlossen. 2014 sagten 50,5%, dass religiöse Gruppen wichtig sind.

51% der Befragten sagen, dass die Religion bei der Wahl des Ehepartners wichtig ist. Da der Anteil der Praktizierenden nicht so hoch ist, kann hier davon ausgegangen werden, dass Religion teilweise als Kultur aufgefasst wird, obwohl Kultur und Religion auch im Widerspruch zueinander stehen können. 24% sagen, dass Religion bei der Wahl des Ehepartners teilweise wichtig ist. Für 20% ist es nicht wichtig und 5% sind unentschlossen. 2014 sagten 92%, dass nach der standesamtlichen Trauung, auch die Trauung vor einem Imam stattfinden muss.

30% wünschen sich, dass ihre Ehepartner genauso religiös sind, wie sie selbst. 45% wünschen sich, dass der Ehepartner religiöser ist als man selbst und 15% weniger als man selbst. 10% ist der Anteil der Unentschlossenen.

Bei der Begrüßung sagen 41% „Assalamu Alaikum", 24% sagen „Hallo-Guten Tag", 30% sagen „Wie geht´s?" und 5% geben keine Antwort dazu.

Interessant ist der Anteil der Personen, die sagen, dass der Politiker, den sie wählen, religiös sein sollte. Für 51% ist dies wichtig. Religion wird hier verknüpft mit Vertrauen und Ehrlichkeit, welches sie dann von den jeweiligen Politikern erwarten. 24% sagen, dass es teilweise wichtig ist. 20% sehen es nicht als wichtig an und 5% machen keine Aussage dazu.

54% bejahen die Frage, ob sie sich einen Khalifen wünschen. 40% sagen „Nein". 6% machen keine Angaben dazu.

90% geben an, dass sie es bereuen, wenn sie sündigen. Dies scheint ein sehr hoher Wert zu sein. 2% bereuen es nicht und 8% geben gar keine Antwort dazu. 2014 waren 46% der Meinung, dass Gebotenes und Verbotenes im Kontext der Gegenwart noch einmal bedacht werden müsste.

65% machen die Ganzkörperwaschung, die in bestimmten Situationen eine theologische Notwendigkeit darstellt. 17% machen es ab und zu, 13% wissen nicht, was das ist und 5% haben keine Meinung dazu.

Aus der Studie von 2014 gab es noch weitere Ergebnisse, die hier aber nicht vergleichbar sind: 85% sagten, dass sie die Pilgerfahrt nach Mekka machen würden, wenn sie die Gelegenheit dazu finden. 72% der Teilnehmer machten jährlich ihre Zakat-Abgaben. 71,6% der Frauen bedeckten sich. 69,5% schlachteten ein Opfertier zum Opferfest, wenn sie dazu in der Lage sind. 61,5% gaben an, dass durch den Laizismus der Islam frei gelebt werden kann. 7,1% gaben an, dass es nicht gegen das (religiöse) Recht eines anderen verstößt, wenn man sich nicht an die Verkehrsregeln hält. 6,4% waren der Meinung, dass es keine Sünde ist, Alkohol in einer Menge zu trinken, welches nicht betrunken macht. 11,7% glaubten, dass unislamische Praktiken nötig sind, um sich vom Einfluss von bösen Blicken zu befreien.

Diyanet führte 2014 eine weitere Studie durch (vgl. Akgün, 2014). Diese kam zum Ergebnis, dass viele Praktiken (Aberglauben, Riten usw.) einen vorislamischen Hintergrund haben. 1380 unterschiedliche Praktiken konnten dazu festgestellt werden. Die meisten thematisierten die Familie. 335 Aberglauben und Riten in Bezug auf Familie konnten gefunden werden. Die Bereiche lassen sich insgesamt aufteilen in: Die Bereiche lassen sich aufteilen in: 335 Familie, 319 Glück und Unglück, 272 Beerdigung, 78 Gesundheit, 73 Grabmal, 49 Frühlingsfest Hıdırellez, 39 Leben nimmt einen positiven Weg ein, 36 rituelles Gebet (arabisch: salat), 31 Böser Blick, 26 Fürbittgebet (arabisch: dua), 25 Opfer, 23 Pilgerfahrt, 17 Religiöse Tage, 12 Gäste, 12 Feiertage, 9 Zauber, Fluch, 9 Dschinn, Geister, 8 Aschura, 7 Gebotenes-Verbotenes, 6 Amulett, 2 Sonnen- und Mondfinsternis.

Fazit: Insgesamt ist ein deutlicher Rückgang, sowohl in Bezug auf die Glaubensinhalte als auch in der Orthopraxie ersichtlich. Dass heißt, sowohl in der Theorie als auch in der Praxis (in der Umsetzung im Alltag) gibt es große Differenzen und einen großen Rückgang in der Religionsausübung.

Auch wenn die Diyanet-Studie viel repräsentativer ist als die MAK Studie, da sie umfangreicher und in der gesamten Türkei durchgeführt wurde, ist in der MAK Studie eine Tendenz ersichtlich. Die türkische Gesellschaft wird nicht unbedingt religiöser[13]. Studien zu anderen Themen belegen eine steigende Wirtschaftlichkeit, Verstädterung und Modernisierung der Türkei. Doch die Religiosität schwankt.

---

[13] Die Schwankung der Religiosität kann aber auch das Ergebnis unklarer Begrifflichkeiten sein oder nicht eindeutiger Fragetexte der Forschungen.

Tarawih Statistik. Eine quantitative Analyse über die Teilnahme am Tarawih Gebet

Das Tarawih Gebet im Ramadan gehört zu eines der wichtigsten Ereignisse, die den Ramadan zum Ramadan machen. Ca. 1,5-2 Stunden nach dem Fastenbrechen (nach dem Sonnenuntergang) begeben sich die Muslime in die Moschee und verrichten gemeinsam das Tarawih Gebet. Dieses Gebet kann auch alleine zu Hause verrichtet werden, doch größtenteils wird es gemeinsam in der Moschee verrichtet, da es in der Gemeinschaft auch einen sozialen Charakter einnimmt. Um einen Teil dieses sozialen Charakters geht es in dieser kurzen Analyse. Einen Monat lang ermittelte ich in einer Moschee in einer Kleinstadt die Teilnehmerzahl dieses Gebets.

Die Kleinstadt, in der sich die analysierte Moschee befindet, ist eine Stadt mit ca. 21.000 Einwohnern. Der Ausländeranteil beträgt 6,74%. Der Migrantenanteil beträgt 24,76%. Zur Zahl der Muslime gibt es keine Erhebungen.

Die Moschee, in der die Studie durchgeführt wurde, ist eine der ältesten und größten in seiner Region. Nicht nur die Muslime aus dieser Stadt, sondern auch aus den Nachbarstädten besuchen diese Moschee.

Die quantitative Analyse wurde teilnehmend durchgeführt. Einen ganzen Ramadanlang wurden die Muslime, die zum Gebet kamen, gezählt. So kam es zu folgenden Ergebnissen:

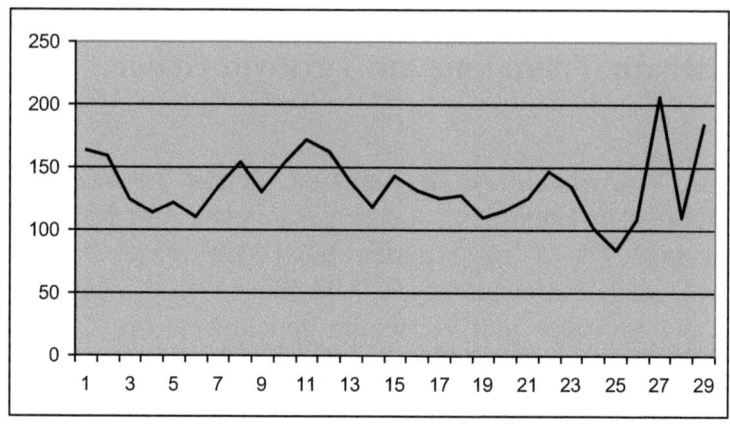

Die durchschnittliche Teilnehmerzahl am Tarawih Gebet betrug 134. Wie zu erwarten waren in der "Nacht der Bestimmung" (Laylat Al-Qadr), eine besondere Nacht laut dem Koran, mit 206 Teilnehmern die meisten Betenden anwesend. Das Minimum mit nur 83 Teilnehmenden kam nur zwei Tage vor dieser Nacht zu Stande.

Wenn man die Teilnehmer nach Geschlecht aufteilt, sticht ein interessantes Ergebnis hervor:

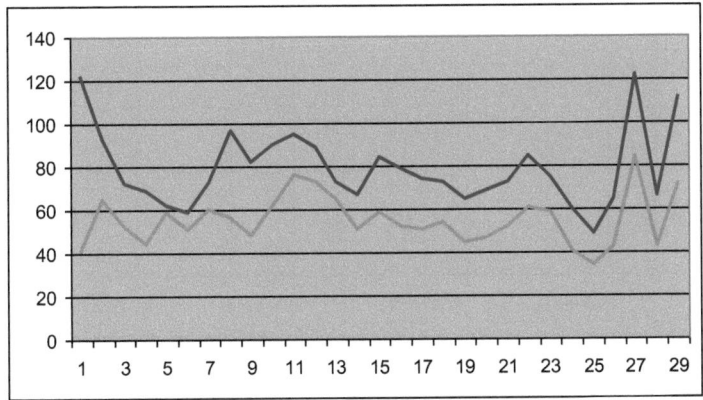

Hier wird deutlich, dass die Anzahl der männlichen Teilnehmer (dunkle Linie) im Vergleich zu den weiblichen Teilnehmern (helle Linie) höher ist. Dies hat sicherlich auch damit zu tun, dass Frauen während ihrer Menstruation am Gebet nicht teilnehmen. Der höchste Unterschied zwischen Männern und Frauen ist direkt am ersten Tag zu sehen. Hier befanden sich fast 3mal so viele Männer beim Gebet. Durchschnittlich befinden sich 1,4mal mehr Männer beim Tarawih Gebet. Das Interessante an diesem Ergebnis ist weiterhin, dass der Verlauf der Teilnahme nahezu identisch ist. Mit Ausnahme von einzelnen Tagen verlaufen die männliche und die weibliche Kurve fast parallel.

Um die Annahme zu prüfen, ob im Verlauf des Ramadans die Teilnehmer immer weniger werden, schauen wir uns die Verteilung nach Wochen an:

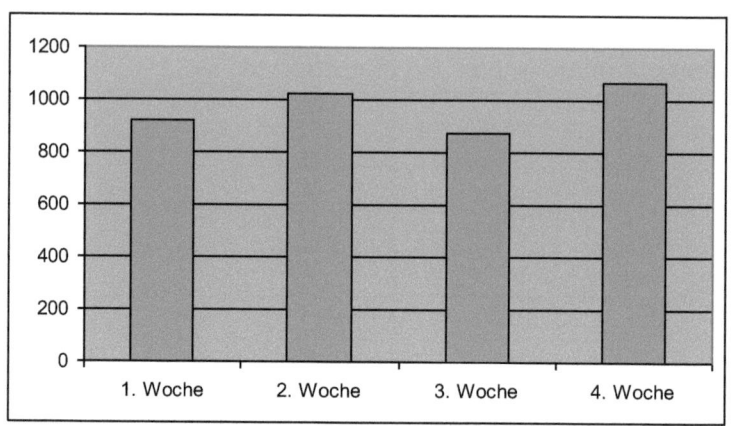

Aus diesem Ergebnis geht nicht hervor, dass die Teilnehmerzahl geringer wird. Es kann sicherlich sein, dass dieser Annahme nur eine subjektive Wahrnehmung ist.

Auch die Annahme, dass am Wochenende noch mehr Teilnehmer an den Gebeten teilnehmen, konnte in dieser Studie nicht bestätigt werden:

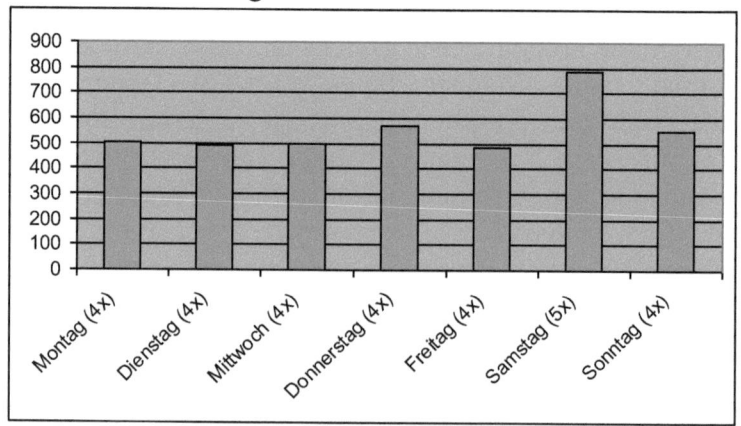

In diesem Ergebnis ist zu sehen, dass am Samstag mehr Teilnehmer anwesend sind. Doch dies sollte nicht zu voreiligen Schlüssen ziehen oder irritieren. Es gab in dem Forschungsjahr fünf Samstage, die in den Ramadan fielen. Bei den anderen Tagen waren es jeweils vier Tage. Wenn wir also den einen Unterschied vom Samstag subtrahieren ergibt sich eine Zahl im Durchschnitt wie die anderen Tage.

Es erübrigt sich zu sagen, dass dies keine repräsentative oder ausschöpfende Studie ist. Man müsste die gleiche Studie noch an mehreren Moscheen und zu unterschiedlichen Jahreszeiten durchführen, da der Ramadan auch zeitlich wandert.

Generell kann man jedoch davon ausgehen, dass die Zahl der Teilnehmer am Tarawih Gebet nicht gering ist. Frauen, Männer, Kinder begeben sich nach dem Fastenbrechen in die Moschee zum gemeinsamen Gebet. Nicht nur aus theologischen Gründen, sondern auch aus sozialen Gründen, weil sie die Geselligkeit, das Miteinander und den Austausch mit anderen suchen.

Exkurs: Volksreligiosität im Christentum

Der Begriff Volksreligiosität kommt vom Begriff "Volkreligion" und entstand im 18. Jhr. Aufgeklärte Kirchenkritiker brachten damit zum Ausdruck, dass der Glaube des "einfachen Volkes" geistig rückständig und die breite Volksschicht daher unwissend war (Schieder, 1986, S. 7ff; Schindler, 2001). Demnach beschreibt Volksreligiosität ein magisches und abergläubisches Weltbild, das mündlich tradiert wurde

1901 wurde die Volksreligiosität vom evangelischen Theologieprofessor Paul Drews in der Theologie institutionalisiert. Unter dem Begriff "Religiöse Volkskunde" hat er die Volksreligiosität zur Tätigkeitsfeld der praktischen Theologie gemacht (Schieder, 1986, S. 7ff).

Volksreligiosität war im Alltagsleben der Menschen integriert, sie war eingebunden in die konkrete Arbeits- und Lebenswelt. Dem Volk fehlten die elementarsten Grundlagen christlichen Glaubens. Im Zentrum der Volksreligiosität standen vielmehr die vielen, das soziale und kulturelle Leben begleitenden Rituale, deren religiöser Charakter kirchlich oder magisch geprägt sein konnte und deren religiöser Anspruch nicht in Kirchlichkeit aufging (Ambros, 2010, S. 18). Die Religiosität des einfachen Volkes war daher abergläubisch und beinhaltete nicht den christlichen Sinn.

Die Volksreligion war keine schriftliche Religion, sie orientierte sich nicht an der Bibel. Der mündlich tradierte

110

Charakter der Volksreligion liegt vor allem darin, dass das Volk zumeist unkundig und der Zugang zur Bibel nicht unmittelbar war. Die Bibel unterlag einer strengen kirchlichen Kontrolle, als biblische Stoffe sind nur Bilder und Predigten überliefert worden. Nur der Kleriker konnte lateinische Texte lesen und lateinisch schreiben, nur er war in der Lage und berechtigt, die heilige Schrift auszulegen. Wenn im hohen und späten Mittelalter Laien dennoch zu lateinischen oder in die Muttersprache übersetzten Bibel griffen, reagierten die Kleriker mit Skepsis, Ablehnung und Widerstand (Denzelbacher, Bauer, 1990, S. 354). Die Heilige Schrift hatte mehr magischen als inhaltlichen Wert. Als "Wunder und Orakelbuch" übte sie mehr eine magisch, abergläubische Funktion aus, z.B. Missernten konnten auf das Wirken von Hexen zurückgeführt, als Folge von langen Regenfällen oder auch als Strafgericht Gottes gedeutet werden. Von Zaubersprüchen und Segnungen erhofften die Menschen Hilfe bei Unheil wie Unfruchtbarkeit, Unwetter, Krankheit und Feinden. In der Arbeitswelt des Volkes hatte die Religion eine lebensversichernde Funktion. Magisch abergläubische Praktiken spielten dabei eine vorrangige Rolle und religiöse Angebote der Kirchen dienten zu diesem Zweck (Schieder, 1986, S. 21).

Max Weber verwendet anstelle der Begriffe Volks- und Hochreligion die Begriffe Massenreligion bzw. Laienreligiosität und offizielle Religion. Weber fragte in seinem religionssoziologischen Ansatz nach den sozialen Bedingungen und Auswirkungen des religiösen Verhaltens. Die offizielle Religion wird von der Priesterelite vertreten, demgegenüber stellte die

Massenreligiosität für Weber die tatsächliche Praxis der Laien im Alltagsleben dar. Er geht davon aus, dass die Magie und der Aberglauben die Trennlinie zwischen Massenreligion und offizieller Religion bestimmen (Weber, 1972, S. 307ff). Das Verhältnis der beiden Formen des religiösen Lebens zueinander war nach Weber in den einzelnen Religionen verschieden. Die Priesterelite sucht durch die Religiosität die Erlösung von einer "inneren Not", d.h. den Sinn ihrer Leben oder die Befreiung von materiellen Interessen und Richtung auf moralische Verwirklichung des Glaubens, während der Laie dadurch die "äußere Not", d.h. den weltlichen Überlebenskampf zu bewältigen versucht (Weber, 1972, S. 284). Die gleichen Praktiken können also unterschiedliche Absichten als Motivationsgrundlage haben.

Weber behauptet außerdem, dass sich die Kirche zur Legitimierung ihrer Sonderstellung ständig um eine Beeinflussung der Volksreligion bemühen müsse (vgl. Schieder, 1986). Folgendes Zitat verdeutlicht seine Vorstellung darüber: „Je mehr also eine Priesterschaft die Lebenspraxis auch der Laien dem göttlichen Willen entsprechend zu reglementieren und vor allem, darauf ihre Macht und ihre Einkünfte zu stützen trachtet, desto weiter muss sie in der Gestaltung ihrer Lehre und ihres Handelns der traditionellen Vorstellungskrise der Laien entgegenkommen" (Weber, 1972, S. 284). Die magischen Formen religiöser Vorstellungen und Praktiken sollen in die Kirche integriert werden. Die katholische Kirche in Irland im 18. Jahrhundert bildet ein konkretes Beispiel für die Integration der Laienpraktiken an die Kirche. Der christlich-naturreligiöse Synkretismus

112

war in Irland bis in die Mitte des 19. Jahrhunderts in der Bevölkerung stark verwurzelt. Der größte Teil der irischen Bevölkerung glaubte an Geisterwesen und an Menschen, die über magische Kräfte verfügen. Die naturreligiösen Vorstellungen und Praktiken wurden in die offizielle kirchliche Religion integriert (Höllinger, 1996, S. 239).

Magie und Aberglaube

Magie umfasst „die rituellen Handlungen und Verhaltensweisen, mit denen Menschen versuchen, auf Dinge und Ereignisse einzuwirken, die jenseits ihres normalen Einflussbereiches liegen" (Waldenfels, 1987, S. 382ff). Im "Lexikon der Religionen" wird der Aberglaube folgendermaßen definiert: „Aberglaube ist eine Mischung von Elementen, die im Rahmen des herrschenden Glaubens keinen organischen Platz haben oder die davon abgesplittert sind. Er ist in diesem Sinn falscher Glaube" (Waldenfels, 1987, S. 1). Im Mittelalter gehörte Magie zu den alltäglichen Erscheinungsformen der Religion, weil Magie für das unkundige Volk ein Instrument war, bestimmte Ereignisse zu erklären bzw. bestimmte Wirkungen zu erzielen (Waldenfels, 1987, S. 382).

Durkheim unterscheidet zwischen Religion und Magie. Während die Religion ein gemeinschaftliches, von allen Mitgliedern einer Gesellschaft geteiltes und praktiziertes System von Glaubenserzeugungen und Ritualen darstellt, handle es sich bei der Magie um isolierte Praktiken, die nur von bestimmten Mitgliedern der Gesellschaft, aber niemals im Rahmen einer magischen Kirche ausgeübt

113

werden (Waldenfels, 1987, S. 383). Nach diesem Aspekt geht Durkheim davon aus, dass die Magie daher nur ein Teil oder ein Aspekt der Religion, aber niemals für sich alleine eine Religion sein könne.

In der Praxis mittelalterlicher Volksreligiosität waren Aberglaube und Rechtgläubigkeit eng miteinander verflochten. Es gab keine Grenzen zwischen Glauben und Aberglaube hinsichtlich des unkundigen einfachen Volkes. Die religiöse Mentalität der mittelalterlichen Menschen lag darin, dass sie heilige Wörter als Mittel zu lebenspraktischen Zwecken angesehen haben. Max Weber erklärt, dass das Volk mit Hilfe der Bibel weltliche Probleme, also die "äußere Not", zu lösen versuchte.

Die Verwendung von Bibelzitaten auf einem Amulett, das gegen Teufel und Dämonen, gegen Krankheiten, Verhexung und Zauberei schützen sollte, beobachtet man oft in mittelalterlichen Volksschichten. Bei Fieber die Bibel unter den Kopf zu legen, um vor Kopfschmerzen Ruhe zu haben, war eine übliche Anwendung; eine andere war, sich die Bibel aufs Herz zu legen, um von Sünden geheilt zu werden (Denzelbacher, Bauer, 1990, S. 333).

Die Kirche versuchte im frühen und späten Mittelalter magisch–abergläubische Praktiken des Volkes zu integrieren. Das tat sie, indem sie aus krafthaltigen Abwehrmitteln christliche Sinnzeichen machte. Die Kleriker bezeichneten die magischen Praktiken ohne christliche Hinsicht als auf Teufelspakt beruhende Magie, deren Wirksamkeit nicht auf dem Glauben an die

114

Allmacht Gottes beruhte (Ambros. 2010. S. 167). Die Kernidee lautete: „Ein Christ sollte auf Gott vertrauen, nicht aber auf die dämonische Selbstmächtigkeit außergewöhnlicher Gegenstände" (Denzelbacher, Bauer, 1990, S. 339).

Die Priester versuchten unter dem Volk beliebige heidnische Amulette durch christliche Sinnzeichen zu ersetzen, konnten allerdings nicht verhindern, dass die Heilige Schrift vielfach als Ersatz für verbotene heidnische Los- und Zauberbücher herangezogen wurde. Die mittelalterliche Kirche kämpfte gegen den Missbrauch der Evangelien, wie z.B. „dass man Sprüche aus den Evangelien als Amulette um den Hals trug, dass man bei Kopfschmerzen und Fieber das Evangelienbuch auf den Kopf legte, dass man damit Dämonen verscheuchen und Brände löschen wollte, dass man es den Toten mit ins Grab legte" (Dürig, 1973, S. 277). Noch im 15. Jahrhundert gab es den Aberglauben, dass man vom Fieber befreit werden würde, wenn man Bibeltexte auf drei Hostien schreiben und sie nüchtern an drei aufeinander folgenden Tagen essen würde.

Die magische und abergläubische Anwendung von Bibelversen macht deutlich, dass der Glaube nicht so sehr aus der "inneren Not" von Herz und Geist verstanden und erfahren wurde, sondern vielmehr als Hilfe bei "äußerer Not" zur Überwindung lebensbedrohlicher Gefährdungen.

Mittelalterliche Kirche und magische Anwendung des "Neuen Testamentes"

a) Die Anwendung des "Neuen Testamentes" als Mittel des Gottesurteils und Totbetens:

Das Evangelium wurde von der Kirche zum Zweck der Entscheidung eines konkreten Streitfalles genutzt. Es war ungefragt und gezwungenermaßen Richter über profane Konflikte. Das Evangelium gab in einem Prozess über Schuld und Unschuld eines Angeklagten Auskunft, indem man bestimmte Bibelverse aufschlug und das Gebet sprach.

Außerdem wurden die biblischen Ansprüche zur eigenen Selbstbehauptung und Interessenwahrung benutzt. Die mittelalterlichen und frühneuzeitlichen Frommen glaubten daran, dass man mit dem Evangelium unter bestimmten Umständen als gerecht empfundene Rachegefühle durchgesetzten konnte. Sie beteten bestimmte Bibelverse in der Absicht und in dem Glauben, mit deren Hilfe die Lebenszeit ihrer Widersacher abkürzen zu können. Die Kleriker wandten sich wiederholt gegen diese "Totbeter", die um tödliche Rache an ihren Gegnern beteten oder für noch lebende Personen Totenmessen feiern ließen, um deren Tod herbeizuführen. Die Haltung der Kirche gegen das Totbeten versteht man in der folgenden Äußerung eines Priesters vom Jahre 1227: „Niemand darf aus Hass für einen Lebenden eine Totenmesse singen oder eine Totenbahre mit dessen Namen in der Kirche aufstellen, dass er bald sterbe" (Denzelbacher, Bauer, 1990, S. 344).

b) Das Evangelium und das Wetter:

Bisher wurde die Haltung der Kirche gegen den Missbrauch der Evangelienverse beschrieben. Aber die Verflochtenheit der Magie und des Glaubens waren im Mittelalter nicht nur in den einfachen Volksschichten zu beobachten. Der Kirche ging es nicht um die Abschaffung der Magie, sondern sie war der Ansicht, dass abergläubische Magie durch die "christianisierte Magie" ersetzt werden sollte (Denzelbacher, Bauer, 1990, S. 355).

Die Priester haben im Mittelalter mit großer Beliebtheit die Bibel als Zaubermittel um Donner, Blitz oder Hegelschlag hervorzubringen, gebraucht (Denzelbacher, Bauer, 1990, S. 338). Die Kirche glaubte daran, dass der Teufel und die Dämonen, die eigentlichen Urheber von Donner, Blitz und Hagelschlag waren. Deswegen hat man die Bibel als wirksames Mittel gegen dämonische Anfechtungen und Wetterschäden betrachtet. In Wettersegen des 15. und 16. Jahrhunderts war sogar die Himmelsrichtung, in welche die Texte gesprochen werden sollten, genauestens vorgeschrieben. Den Priestern traute man zu, dass sie drohenden Hagel in fruchtbringenden Regen auflösen konnten. Die Heiligen waren diejenigen, die im Alltag bei Krankheit und Not gebraucht wurden (Ebertz, Schultheis, 1986, S. 91).

Hierdurch kann man sich einen Blick verschaffen, inwieweit die mittelalterlichen kirchlichen Praktiken mit den magischen Anwendungen verflochten waren. Die Kirche versuchte den Glauben des Volkes in die kirchliche Praxis zu integrieren. Die

Anpassungsbereitschaft der katholischen Kirche zeigt sich in den Aussagen des Kirchenvaters Augustinus am deutlichsten. Er hielt die magische Verwendung der Bibel für ein Mittel, das in einer zweifelhaften Situation den Willen Gottes zeigt. Er hielt es für besser, wenn Christen aus den Blättern der Evangelien ihr Schicksal lesen. Die Evangelienverse konnte man zur Befreiung von Krankheiten nutzen. Die Verse konnte man gegen Krankheiten bei sich tragen, aber die Gesundung sollte von Gott erwartet werden. Dadurch gewannen die heiligen Worte auf dem Amulett ihren Zeichencharakter und schlossen eine magische Instrumentalisierung biblischer Texte aus. Symbolisierung rettete die Bibel vor magischen Zwängen und schuf biblisch begründete Verhaltensweisen, die Christen gegen Versuchungen abergläubischer Zauberei abschirmen sollten.

Max Weber veranschaulicht an dieser Stelle den geschichtlichen Hintergrund der Legitimierung der Magie durch die Religion. Er erklärt, warum die magisch abergläubischen Praktiken im Christentum, besonders im Katholizismus erhalten geblieben sind: „Der Magier war der entwicklungsgeschichtliche Vorläufer des Propheten: des exemplarischen wie des Sendungspropheten und des Heilands. Der Prophet und der Heiland legitimierten sich in aller Regel durch den Besitz eines magischen Charismas. Nur dass dies bei ihnen lediglich Mittel war, der exemplarischen Bedeutung oder der Sendung oder der Heilands Qualität ihrer Persönlichkeit Anerkennung und Nachachtung zu verschaffen" (Weber, 1972, S. 540). Dieses Zitat macht deutlich, warum die Magie in den christlichen Kirchen, besonders der katholischen Kirche, nicht losgelöst wurde.

118

Der Historiker Keith Thomas nennt die mittelalterliche Kirche eine magische Agentur. Die Kirche legitimierte die Magie durch verschiedene Praktiken, wie Weihwasser und die Anrufungen der für Krankheiten zuständigen Heiligen als Rezepte einer "christianisierten Magie". Gegen heidnische Praktiken und magische Rituale nahm die Kirche eine ambivalente Haltung ein. Sie versuchte heidnisch–magisches in sich zu assimilieren und zu integrieren. Heidnisch–magischen Praktiken wurde ein christlicher Sinn unterlegt. Heidnische Feste wurden in das christliche Jahr integriert. Die aus dem 8. Jahrhundert stammenden Psalmen in der Berliner Staatsbibliothek geben Anweisungen an, in welchen Lebenslagen sich welche Psalmen als besonders hilfreich erwiesen. Einige Psalmen lauten wie folgt (Denzelbacher, Bauer, 1990, S. 353):

- Ps. 10. Lies ihn dreimal über Wasser, und wer Fieber hat, wasche sich damit.
- Ps. 11. Lies ihn, wenn du aus deinem Hause gehst, und du besiegst alle deine Feinde.
- Ps. 19. Lies ihn bei Kopfschmerz.
- Ps. 20. Lies ihn bei Herzweh.
- Ps. 21. Schreib ihn für die Schafe und hänge ihn an den Nacken eines Lammes. Lies Ihn über Olivenöl und salbe deinen Leib damit, wenn du zu Machthabern gehst.
- Ps. 22. Schreib ihn auf und lege ihn beim Vieh nieder, kein Wolf wird ihm nahekommen.
- Ps. 32. Lies ihn fünfmal, Gott wird dich vor allem Bösen bewahren.

- Ps. 64. Schreib ihn für den, welchen ein toller Hund beißt.
- Ps. 141. Lies ihn dreimal über einen Schmerzgeplagten, er wird gesund.

Hier wird deutlich, dass die Kirche und die magischen Praktiken miteinander stark verflochten waren. In Bezug auf die Psalmen und die magischen Praktiken der Kirche benutzt Keith Thomas daher den Begriff "christianisierte Magie".

Reformation

Unter der Reformation versteht man den Zerfall der alten Kirchenordnung und Neuformierung von konfessionellen Kirchen (Schieder, 1986, S. 22). Erst im Laufe der Reformation hat die Volksreligion angefangen, sich allmählich zu wandeln. Die Reformation hatte eine systematische Belehrung durch Predigt und Unterricht hervorgebracht. Religiös dogmatisches Wissen wurde von Priestern dem Volk übertragen. Das bedeutete eine neue Phase im Wandel der Volksreligiosität. Die Volksreligiosität, wie sie sich uns im 16. und 17. Jahrhundert in vielfältigeren Formen zeigt, war keineswegs mit dem Volksglauben im Mittelalter zu vergleichen. Sie differierte je nach Konfessionen. Durch die Konfessionalisierung hatte die Volksreligiosität eine neue Form angenommen. Die traditionellen Feste, die einen wesentlichen Bestandteil der Volkskultur waren, hingen von der Genehmigung der Kirche ab. Die Kirche hat damit den Einfluss auf die religiösen Praktiken des Volkes ausgeübt.

Jede konfessionelle Kirche griff in die Volksreligion ein, aber ihre Haltungen zur Volksreligion waren unterschiedlich. Innerhalb der Konfessionen kam die Volksreligiosität unterschiedlich zur Geltung. Der stärkste Eingriff in die Volksreligion erfolgte im Calvinismus. Die Trennung von Religion als geistlicher Übung und Arbeit als körperlicher Tätigkeit sowie von Religion und Magie wurde am stärksten im Calvinismus vollzogen. Die evangelische Kirche zog zwar auch eine starke Trennungslinie zwischen dem Volksglauben und Kirchenreligion, aber sie bezeichnete die religiösen Handlungen des Volkes nicht generell als heidnisch–teuflisch. Die religiösen Praktiken des Volkes wurden bis zu einem gewissen Maße toleriert, nur außerhalb der Kirche konnte sie weiter ausgeübt werden. Nach evangelischer Vorstellung waren Sitten und Gebräuche, die religiös–magischen Wurzeln entstammten, mit christlichem Denken unvereinbar. Die Entwicklung der protestantischen Religiosität ist durch den fortschreitenden Abbau traditioneller Bindungen an den Volksglauben gekennzeichnet (Ebertz, Schultheis, 1986, S. 57).

Die Kernidee des Protestantismus liegt darin, dass sie allein auf die "innere Not" berief. In der Individualisierung der Frömmigkeit und der Ablösung des religiösen Interesses von dem weltlich–politischen unterscheidet sich Protestantismus grundsätzlich vom Katholizismus. Der religiöse Individualismus bezeichnet hier nicht die durch Menschen und Priester vermittelte Innerlichkeit der Gemeinschaft. Deswegen spielten in den religiösen Gedanken des Protestantismus die Priesterelite und die Heiligen keine entscheidende Rolle, wodurch jede Vermittlung durch Hierarchie entfiel. Der Volksglauben hatte in diesem Sinne im Protestantismus den Boden verloren. Die Bibel wurde als einzige Quelle angesehen, nur aus der Bibel könne man Gott und Christus richtig verstehen. Die Bibel bildet in der protestantischen Gesinnung den Kern der Kirche, alles was der Laienreligiosität gehörte, fand im Protestantismus keine Akzeptanz (Troeltsch, 1923, S. 440).

Während Evangelismus und Calvinismus die magisch–abergläubischen Traditionen aus dem kirchlichen Gebiet zu diskriminieren versuchten, bildeten sich die Beziehungen der katholischen Kirche zur Volksreligiosität völlig anders. Der Katholizismus hat die Elemente der Volksreligiosität in sich integriert. Dadurch wurde die katholische Kirche zu einer herrschaftlichen Organisation christlicher Massenreligiosität. Sie hat als organisierte Universalreligion mit der Masse zu tun, weil sie allen ohne weiteres offen steht und die Tendenz hat, möglichst viele, also die Massen in sich aufzunehmen (Höllinger, 1996, S.71). Mit der zunehmenden Rationalisierung des Lebens durch Reflexivität und Wissen wurde die Volksreligiosität in der Gesellschaft weitgehend verdrängt. Eine ähnliche Struktur wie beim Volksglauben zeigt sich mit dem Glauben an die Astrologie. Die Astrologiegläubigkeit ist ein wichtiges Element der Alltagsreligiosität des heutigen Menschen. Sie hat den alten Volksglauben abgelöst. Ein Indikator ist die in einer Untersuchung gestellte Frage nach dem Lesen von Horoskopen: Nur 16,8% gaben an, prinzipiell nie Horoskope zu lesen, beinahe zwei Drittel lesen sie gelegentlich bzw. häufig; gut 10% lesen sie vorwiegend aus Spaß, „weil es doch manchmal stimmt" (Ebertz, Schultheis, 1986, S. 90). Hier sieht man, dass der Aberglaube in unterschiedlicher Art und Weise in der Gesellschaft weiterbesteht.

Wie hier diskutiert wurde, verweist das Phänomen "Volksreligion" und "Hochreligion" auf ein Spannungsfeld zwischen dem einfachen Volk und der Kirche des Mittelalters. Statt die alltäglichen magischen Praktiken ganz abzulehnen, hat die katholische Kirche den rationaler erscheinenden Weg gewählt und versucht, den magisch und abergläubischen Praktiken einen christlichen Sinn zu geben und zu symbolisieren. Das einfachste Beispiel für die Symbolisierung war das christliche Sinnzeichen, welches vor dem 14. Jahrhundert nicht existiert hatte. Die Volksreligiosität war besonders das Thema des 15. und 16. Jahrhunderts. Nach dieser Zeit hatte sie ihre Aktualität in der Gesellschaft verloren, weil sich mit der Reformation verschiedene Konfessionen entwickelten, die gegen den Analphabetismus und die strengen kirchlichen Regeln, die z.B. dem Volk den Zugang zu biblischen Stoffen viele Jahrhunderte nicht erlaubten, kämpften. Mit der Reformation und der Übersetzung der Bibel in die eigene Sprache hat sich im Christentum eine neue Phase eröffnet. Die neu entstandenen Konfessionen haben die volksreligiösen Praktiken abgelehnt, aber sie haben ihren Boden im Katholizismus nie verloren. Heute wird im Katholizismus, aus der Sichtweise des 15. Jahrhunderts gesehen, die Unterscheidung zwischen Volks- und Hochreligion nicht mehr gemacht. Man kann hier von einer starken Verflechtung der beiden Komponenten sprechen.

Bewusster und Unbewusster Glaube oder Volksislam und Hochislam

Die Begriffe "Volksislam" und "Hochislam" haben, wie im Exkurs behandelt, einen christlichen Ursprung. Sie stammen aus einer Diskussion, in der man im Laufe des letzten Jahrhunderts zwischen Volkskirche und Theologie unterschied. Diese Unterscheidung lag nahe, weil die Kirche, vor allem die katholische und die orthodoxe, streng zwischen Klerus und Glaubensvolk, Gemeine unterschied. Irgendwann tauchten die Begriffe dann sporadisch auch in der Literatur in Bezug auf Muslime auf. Es waren zuerst kirchliche Publikationen, die von "türkischer Volksfrömmigkeit" (vgl. Haas, 1986) berichteten. Schiffauer (1984, S. 485-517) schreibt in seiner Arbeit von symbolischem Tausch und vom dörflichen Islam und ihrem Gegensatz zum städtischen Islam. Er sieht eine Umstrukturierung des Wertesystems bei den Muslimen. Ursula Mihciyazgan (1994, S. 197ff) dagegen teilt in ihrer Arbeit die Muslime in zwei Gruppen. Sie kommt zum Ergebnis, dass der Islam, den die "einfachen" Muslime leben, ein anderer ist als der, der "eigentlich" vom Islam gelehrt wird. Den "Islam der einfachen Leute" bezeichnet sie als "Volksislam". Der Gegensatz zu diesem Konzept ist der "Hochislam". Dies ist der "Islam der Theologen". Im Folgenden werden nun diese Konzepte vorgestellt.

Mihciyazgan weist auf die unterschiedliche Bedeutung von Koran und Hadith im (schriftlich tradierten) "Hochislam" und (mündlich tradierten) "Volksislam"

124

hin: „Die Ahadith des Volksislam sind (...) nur zu einem geringen Teil identisch mit den ("echten") Ahadith im Hochislam. Demzufolge unterscheiden sich volks- und hochislamische Handlungsorientierungen zum Teil erheblich. Ebenso hat der Koran unterschiedliche Bedeutungen: Während er im Volksislam (fast ausschließlich) rituelle Funktion hat und einer Interpretation nicht offensteht, wird er im Hochislam (von Professionellen) auf der Grundlage der Sunna interpretiert. Daraus folgt, dass im Hochislam nur diejenigen ´Zugang´ zum Koran haben, die die Sunna studiert haben, die Islam-Theologen, während im Volksislam keine Notwendigkeit zur Interpretation der Koransuren gesehen wird" (Mihciyazcan, 1994, S. 197). Der Prozess der "Hochislamisierung" führt in Deutschland dazu, dass „in einigen, nicht in allen Moscheevereinen (...) systematisch der Aufbau eines neuen, hochislamischen Wissensbestandes vorangetrieben (wird). Dies erfolgt nicht in den Freitagspredigten, sondern vor allem in Schulungsseminaren, die von Theologen abgehalten werden. Und die Geschulten wirken wiederum als Multiplikatoren im Alltag" (Mihciyazcan, 1994, S. 201).

Den Volksislam verbindet man meist mit Aberglauben, Neuerungen, Verfälschungen oder Abweichungen. Es wird allgemein angenommen, dass die Abweichungen ihre Quellen nicht im Islam haben, sondern Volksbräuche waren, die später in den Islam integriert wurden (siehe dazu die bereits erwähnte Studie von Diyanet aus dem Jahre 2014). Meist entstehen solche Abweichungen durch kulturelle Werte einer Gesellschaft. Sie vermischen sich mit dem Islam, so dass ihre Anwender nicht mehr zwischen Islam und Kultur unterscheiden können. Öfters ist dieses Verhalten im dörflichen Brauchtum eingebettet. Die Quelle dieser Bräuche ist nicht die islamische Lehre, sondern die Kultur der jeweiligen Region. Die Muster und Handlungen werden dann von den Praktizierenden oft gar nicht als "Kultur", sondern als islamische Pflicht wahrgenommen. Solche "Abweichungen" und der Volksislam allgemein werden im größten Teil mündlich verbreitet. Derartige mündlich tradierte Verhaltensweisen können auch widersprüchlich zum schriftlich vermittelten Hochislam stehen.

Der Koran ist für den Volksislam uninterpretierbar. Die Verse werden so aufgenommen, wie sie wörtlich stehen. Der Offenbarungskontext wird dabei außer Acht gelassen. Im Hochislam wird der Koran u.a. durch die Sunna interpretiert. Hierbei handelt es sich um die Sammlung der Aussagen und Taten des Propheten Muhammed. Das heißt, ein Vers aus dem Koran wird z.B. danach interpretiert, wie der Prophet diesen Vers aufgenommen hat. Dadurch wird die Sunna zu einem wichtigen Teil der Handlungsorientierung eines Muslims. Diese Orientierungen unterscheiden sich im Volks- und Hochislam, denn im Volksislam sind die Handlungen des Propheten zwar bekannt, aber öfters nicht deren eigentlicher Sinn.

Im Hochislam werden die koranischen Gebote und Vorschriften interpretiert. Im Volksislam ist die Einhaltung dem eigenen Empfinden überlassen. Während viele z.B. das Pflichtgebet (arabisch: salat) nur teilweise oder beim Freitagsgebet in der Moschee praktizieren, ist dies beim Fasten nicht der Fall. Ein großer der Teil der

Muslime fastet. Sei es aus religiösen Gründen oder aus gesellschaftlichen, kulturellen Gründen. Falls das Gebet eingehalten wird, sind im Volksislam die formalen Aspekte, wie z.B. die Körperhaltung, wichtig, während beim Hochislam die Konzentration und die Aufrichtigkeit im Zentrum stehen. Für den Volksislam sind bei den islamischen Praktiken die äußeren Formalitäten ausschlaggebend und nicht die Wahrhaftigkeit oder die Aufrichtigkeit.

Im Volksislam haben Gebote und der Koran eine rituelle Funktion. Eine Interpretation wird nicht angestrebt. Eine Individualität ist ausgeschlossen. Entweder werden die Rituale eingehalten oder nicht. Eine Reflektion oder Hinterfragung ist nicht nötig, da kein intellektueller Zugang nötig ist.

Im Hochislam kommt erst die Interpretation und dann das konkrete Einhalten. Ein Vers muss also erst verstanden werden, woraufhin die Einhaltung folgt.

Im Zuge der Integration der islamischen Normensstruktur in andere Kulturen wurden immer wieder Riten, Verhaltensweisen anderer Religionen in den Volksislam übernommen. Sie wurden vermischt und als Teil der eigenen Religion verstanden. Besonders ist dies bei einigen rituellen Handlungen der Fall. Allgemein haben Riten eine hohe Bedeutung im Volksislam.

Im Hochislam sind Erneuerungsbewegungen zu beobachten. Diese werden durch den folgenden Hadith des Propheten Muhammed legitimiert: „Zu Beginn eines jeden Jahrhunderts wird Gott jemand in dieser

Gesellschaft berufen, der die Religion aktualisiert und wiederbeleben wird" (Ebu Davud, Melahim: 31). Diese Bewegungen fügen jedoch dem Islam nichts Neues hinzu, sondern geben Antworten auf neue Fragen eines jeden Zeitalters, dass heißt, der Koran und die Praktiken des Propheten Muhammed werden zeitgemäß neuinterpretiert.

Während im islamischen Diskurs, besonders im Hochislam, von Erneuerung gesprochen wird, sieht Schiffauer (1984, S. 485-517) eher eine Umstrukturierung des Wertesystems. Dies sei das Ergebnis der Emigration und des dadurch erlangten neuen Religionsverständnisses. Für die Muslime in urbaner Umgebung entsteht ein neues Religionsverständnis. Eine Modernisierung mit verschiedenen neuen Fragen: Suche nach Sinn der religiösen Regeln, Rechtfertigung der Lebensweise, Veränderung der religiösen Praxis usw..

Mihciyazgan aber vertritt die Annahme, dass keine Modernisierung, sondern eine Hochislamisierung (Mihciyazcan, 1994, S. 204) stattfindet. Also ein Wechsel vom oraltradierten Volksislam zum skripturalen Hochislam.

Tradition vs. Modern

Seufert sieht eine Unterscheidung zwischen "traditionellem Muslim" und "modernem Muslim" (Seufert, 1997a, S. 249-254) als sinnvoller an. Er gelangt zu diesen Idealtypen, in dem er zwei Unterschiede bei

128

den Handlungen der Muslime macht[14]. Wenn die Handlung durch ethische oder kulturelle Werte motiviert ist, ist dies der Typus des traditionellen Muslims. Der moderne Muslim hingegen handelt aus religiösen Motiven. Als dritten Typus stellt Seufert den kemalistischen Muslim vor.

Die Handlungen des traditionellen Muslims sind eher Vollzüge einer Tradition als religiöse Akte. Eine religiöse Begründung ist daher nicht notwendig. Ähnlich wie beim Volksislam, sind magische Praktiken Bestandteil der Handlungen dieses Typus. 20% der Bevölkerung zählt Seufert als traditionelle Muslime.

Als Merkmale des modernen Muslims gelten nach Seufert, dass er an die einzig richtige Religion glaubt, und dass er davon ausgeht, dass Gut und Böse nicht ein für alle Mal bestimmbar sind. Der Anteil dieser Gruppe soll 25% der türkischen Bevölkerung betragen. Seufert beschreibt diese Gruppe mit dem Hinweis darauf, „dass ein Teil der Bevölkerung sich in seinen Glaubensüberzeugungen vom allseits beschworenen Gesetzescharakter des Islam gelöst hat und zu einer die konkreten Vorschriften relativierenden Ethik gelangt ist" (Seufert, 1997a, S. 252).

---

[14] Die Daten, die Seufert in seiner Arbeit verwendet, stammen aus einer Statistik aus der Türkei. Diese Untersuchung wurde von der Tageszeitung Milliyet in Auftrag gegeben und vom Meinungsforschungsinstitut SIAR durchgeführt. Dieses Institut arbeitet heute unter dem Namen PIAR. Seufert benutzt diese Auswertungen für seine eigenen Interpretationen.

Die modernen Muslime tendieren zu Veränderungen, sei es an den Traditionen, oder sei es an der Form der Religion. Dabei organisieren sie sich in sozialen, kulturellen oder auch politischen Gruppen. Die Zielgruppe dieser Organisationen sind die traditionellen Muslime ihrer Gesellschaft.

Seufert führt noch den kemalistischen Muslim (Seufert, 1997a, S. 254) ein. Diesem Typus ordnet er die Kriterien Nationalität und berufliche Stellung zu. Prototyp des kemalistischen Muslims sei Mustafa Kemal, der Gründer der türkischen Republik. Mustafa Kemal wird als jemand beschrieben, „der die göttliche Inspiration des Korans in Frage stellte, ihn als Allegorie begriff, die Gültigkeit seiner Vorschriften mit Hinweis auf die gesellschaftlichen Bedingungen seiner Entstehung relativierte und sich trotzdem der mobilisierenden und einigenden Elemente des religiösen Entwurfs zur Durchsetzung seiner Ziele bediente" (Seufert, 1997a, S. 254). Der Anteil dieser Gruppe läge bei 40%.

Für die kemalistischen Muslime sei die Religion nur ein Identitätsmerkmal um sich von Nicht-Muslimen zu unterscheiden.

Der kemalistische Muslim führe die vorgeschriebenen Handlungen nur selten oder gar nicht durch. Laut Seufert haben sie für ihn keine große Bedeutung. Nur die Tatsache, dass man Muslim ist, sei wichtig, aber nicht die Handlungen, die zu einem solchen Bekenntnis zugehören.

Die restliche Bevölkerung der Türkei (15%) bezeichnet Seufert als Atheisten.

Bewusster Glaube vs. Unbewusster Glaube bei Said Nursi

Der Islamgelehrte Said Nursi macht eine andere Unterscheidung als Volks- und Hochislam. Nursi beschreibt in seinem Gesamtwerk, Risale-i Nur, in vielen Stellen den Unterschied zwischen dem bewussten (iman-ı tahkik) und dem unbewussten (iman-ı taklid) Glauben. In seinen Emirdağ Briefen (2001c, S. 91; 2000a, S. 236) schreibt er, dass im Glauben viele verschiedene Stufen bestehen. Jemand, der im unbewussten Glauben lebt, wird leicht für Abweichungen und Neuerungen zu motivieren sein. Leichtgläubig werden diese kulturbedingten Handlungen als islamisch aufgenommen und angesehen.

Der unbewusste Glaube umfasst Handlungen, die von den Eltern erlernt worden sind oder von der Umgebung unhinterfragt übernommen wurden. Eine eigene Interpretation der Handlungen, ähnlich wie beim Volksislam, ist hier nicht notwendig und auch nicht erwünscht. Daher wird dieser Glaubenstypus als nicht kräftig und stabil angesehen, so dass kulturelle Einflüsse in die Religion mit einfließen können.

Der bewusste Glaube dagegen ist die vollständige Verinnerlichung der religiösen Praktiken mit ihrem Sinn. Nursi charakterisiert diesen Typus mit „vollständigem und tiefsinnigem Wissen" (2000b, S. 190-191; 1999, S. 123-127). Das heißt, erst mit der Frage „Warum?"

kommt man vom unbewussten in den bewussten Glauben. Erst kommt das Wissen, dann die Anwendung. Aus diesem Grunde sind Abweichungen oder Veränderungen der religiösen Praxis bei diesem Typus nicht wiederzufinden.

Aber Wissen allein reicht nicht aus. „Des Weiteren gehört zum Glauben nicht nur das Wissen; im Glauben verbunden sind auch noch all die vielen feinsinnigen Organe (des Menschen). So wie Nahrung in den Magen gelangt und von dort über die verschiedenen Venen in die einzelnen Organe verteilt wird, so gelangen auch die Dinge des Glaubens, welche durch Wissen erworben wurden, nachdem sie durch den Magen des Verstandes gegangen sind, in den Geist, das Herz, die innere Wahrnehmung, die Seele usw. und jedes (Organ) erhält seinen Anteil und nimmt ihn in sich auf. Wenn nicht jedes seinen Anteil erhält, ist (die Versorgung des menschlichen Organismus) nur mangelhaft" (Said Nursi, 2003, S. 613). Hier wird deutlich, dass Nursi den Glauben als Ganzes betrachtet.

Nursi war überzeugt davon, dass der unbewusste und imitierte Glaube durch den bewussten Glauben ersetzt werden musste. Blinden Gehorsam oder einen unwissenden Glauben lehnte er ab. Erst die Verbindung zwischen Wissen und Glauben, das Bewusstsein für eine Handlung (siehe die Ausführungen zur Niya), führe zum bewussten Glauben.

Schlusswort

In dieser Arbeit wurden erste Themen der Felder "Islamische Soziale Arbeit" und "Islamische Religionssoziologie" aufgegriffen.

Es zeigte sich, dass viele soziale Aspekte im Islam vorhanden sind, die auch theologisch zu einer ausgiebigen Sozialen Arbeit als Tätigkeit führen. Gegenwärtig findet islamische Soziale Arbeit vor allem im Umfeld der Moscheen statt. Das soziale Engagement wird hier durch Ehrenamtliche getragen. Jedoch ist dies auf Grund verschiedener Faktoren langfristig und nachhaltig nicht möglich. Vor allem im Bereich der Seelsorge bietet sich eine Professionalisierung an. Hier könnte der Aufbau einer institutionalisierten Wohlfahrtspflege Abhilfe schaffen und den Bedarf füllen.

Islamische Religionssoziologie dagegen ist ein neues Gebiet, welches noch weiter ausgebaut und etabliert werden muss. In dieser Arbeit wurde die bisherige Entwicklung beschrieben. Darüber hinaus konnte geschaut werden, welche Wirkung der Islam auf den Alltag und das Handeln der Menschen im soziologischen Sinne hat. An Hand des Beispiels der Türkei konnten erste Hinweise auf die Orthopraxie und Religiosität herausgearbeitet werden.

Insgesamt stellt sich heraus, dass reichlich Potenzial in beiden Themengebieten liegt. Dies konnte hier durch eine erste Einführung festgestellt werden. Folglich müssen weitere Arbeiten folgen. Damit dies auf einem soliden Fundament geschieht, sollten beide Wissenschaftsgebiete an den Universitäten ausgebaut und gelehrt werden.

Literatur

- Abu Dawud (1981): Sünen-i Ebu Davud. Istanbul: Çağrı Yayınları
- Agai, B. (2004): Zwischen Netzwerk und Diskurs. Das Bildungsnetzwerk um Fethullah Gülen (geb. 1938) : Die flexible Umsetzung modernen islamischen Gedankenguts. Schenefeld: EB-Verlag
- Ahmed bin Hanbal (1982): Musnad. Istanbul: Çağrı Yayınları
- Aişe A. B.-Ş. (1987): Resulullahın Annesi ve Hanımları. Konya: Uysal Kitapevi
- Akgün Z. (2014): Hurafeler inanç eksikliğinin göstergesi. In: Moral Dünyası, September 2014, S. 32-35
- Al Munzari (2005): Targhib wa-al-Tarhib min al-Hadith al-Sharif. Beirut: Dar al-Kitab al-Arabi
- Ambros E. (2010): Der heilige Koloman. Der erste Landespatron von Niederösterreich. Dissertation an der Universität Wien
- BAMF (Bundesamt für Migration und Flüchtlinge) (Hrsg.) (2015): Religionssensible soziale Dienstleistungen von und für Muslime. Ein Überblick aus Kommunen und den Mitgliedsorganisationen der Bundesarbeitsgemeinschaft der Freien Wohlfahrtspflege (BAGFW). Nürnberg: BAMF
- Berger P. L. (1965): Ein Marktmodell zur Analyse ökumenischer Prozesse. In: Internationales Jahrbuch für Religionssoziologie 1, S. 235-249
- Berger P. L. (1973): Zur Dialektik von Religion und Gesellschaft. Frankfurt am Main: S. Fischer Verlag

- Berger P. L., Luckmann T. (1970): Die gesellschaftliche Konstruktion der Wirklichkeit. Frankfurt am Main: S. Fischer Verlag
- Buhari, M. (1981): El-Camiu's-Sahih (Sahihi'l-Buhari). Istanbul: Cagri Verlag
- Casanova, J. (2006): Einwanderung und der neue religiöse Pluralismus. Ein Vergleich zwischen der EU und den USA. In: Leviathan, 34.Jhr., Heft 2, Juni, S.182-207
- Cebeci, L. (1987): Kur'an Sosyolojisi Üzerine Bir Deneme. In: İslami Araştırmalar Dergisi, Nr. 3, S. 1-8
- Çelik, C. (2009): Türk Din Sosyolojisinde Kuramsal Yaklaşım Sorunu. In: Türk Bilimsel Derlemeler Dergisi, 1 (1), S. 207-222
- Çelik, C. (2017): Sekülerleşmenin Kuramsal Sosyolojik Serüveni. In: İslami Araştırmalar Dergisi, 28 (3), S. 209-223
- Ceylan, R., Kiefer, M. (Hrsg.) (2015): Muslimische Wohlfahrtspflege in Deutschland: Eine historische und systematische Einführung. Wiesbaden: Springer VS
- Charchira, S. (2014): Wohlfartspflege. Islamische Impulse für den Sozialstaat. IslamiQ, 31.08.2014
- Denzelbacher, P., Bauer, D. R. (Hrsg.) (1990): Volksreligion im hohen und späten Mittelalter. Dokumentation der wissenschaftlichen Studientagung „Glaube und Aberglaube". Aspekte der Volksfrömmigkeit im hohen und späten Mittelalter. Paderborn: Ferdinand Schöningh
- Deylemi (2010): Müsnedu'l-Firdevs. Beirut: Daru'l-Kütübi'l-İlmiyye
- Diyanet (Hrsg.) (2014): Türkiye'de dini hayat araştırması. Ankara: Diyanet

- Durkheim, E. (1898): De La Définition Du Phénomene Religieux. In: L´Année sociologique, T. 2, S. 1-28
- Durkheim E. (1973): Der Selbstmord. Neuwied/Berlin: Luchterhand
- Durkheim, E. (1981): Die elementaren Formen des religiösen Lebens. Frankfurt am Main: Suhrkamp
- Dürig, W. (1973): Das Ordal der Psalterprobe im Codex Laiinus Monacensis 100. In: Münchener Theologische Zeitschrift, Bd. 24, Nr. 3, S. 266-278
- Ebu Davud (1981): Sünen. Istanbul: Çağrı Yayınevi
- Ebertz, M., Schultheis, F. (Hrsg.) (1986): Volksfrömmigkeit in Europa. Beiträge zur Soziologie popularer Religiosität aus 14 Ländern. München: Kaiser Verlag
- Forum Seniorenarbeit NRW (2003): Ältere Migrantinnen und Migranten in der gemeinwesenorientierten Seniorenarbeit. Köln: Forum Seniorenarbeit NRW
- Gazali, I. (2016): İhya-u Ulumi'd-Din. Istanbul: Çelik Yayınları
- Geographie Türkeis: http://www.ipicture.de/daten/land_tuerkei.html
- Günay, Ü. (2006): Türkiye´de din sosyolojisi: Teorik ve metodolojik meseleler. In: Toplum Bilimleri, Januar-Juni 2006-2009, 1-3, S. 7-46
- Haas, A. (1986): Türkische Volksfrömmigkeit. Frankfurt am Main: Verlag Otto Lembeck
- Hering, S., Münchmeier, R. (2014): Geschichte der sozialen Arbeit. Eine Einführung. 5. Auflage. Weinheim und Basel: Beltz Juventa
- Höllinger, F. (1996): Volksreligion und Herrschaftskirche. Die Wurzeln religiösen

Verhaltens in westlichen Gesellschaften. Opladen: Leske + Budrich

- Hüttermann, J. (2002): Islamische Mystik. Ein 'gemachtes Milieu' im Kontext von Modernität und Globalität. Würzburg: Ergon Verlag
- Ibn Abdilberr (1992): El-İstiab. Beirut: Daru'l-Cebel
- Ibnu Mace (1981): Es-Sünen. Istanbul: Çağrı Yayınevi
- Jonker, G. (2002): Eine Wellenlänge zu Gott. Der Verband der islamischen Kulturzentren in Europa. Bielefeld: Transcript
- Karabaşoğlu M. (2003): Text and Community: An Analysis of the Risale-i Nur Movement. In: Abu-Rabi I. (Hrsg.): Islam at the Crossroads. On the Life and Thought of Bediüzzaman Said Nursi. New York: State University of New York Press, S. 263-296
- Krech, V. (1998): Georg Simmels Religionstheorie. Religion und Aufklärung. Band 4. Tübingen: J. C. B. Mohr (Paul Siebeck)
- Krech, V. (2002): Wissenschaft und Religion. Studien zur Geschichte der Religionsforschung in Deutschland 1871 bis 1933. Band 8. Tübingen: Mohr Siebeck
- Lemmen T. (1997): Die Nurdschuluk-Bewegung / Jama'at-un Nur. Im Internet: http://www.chrislages.de/nurculuk.htm. Zuletzt aufgerufen am 12.01.2008
- Lipp W. (1985): Stigma und Charisma. Über soziales Grenzverhalten. Berlin: Reimer
- Lipp W. (1994): Drama Kultur. Berlin: Duncker und Humblot

- Lipp W. (2003): Charisma. In: Schäfers B. (Hrsg.): Grundbegriffe der Soziologie. 8., überarbeitete Auflage. Opladen: Leske + Budrich, S. 45-47
- Luhmann N. (1995a) : Inklusion und Exklusion. In: Soziologische Aufklärung 6. Opladen: Westdeutscher Verlag, S. 237-264
- Luhmann N. (1995b): Die Weltgesellschaft und ihre Religion. In: Solidarität 45, Heft 9/10, 1995b, S.11-12
- Luhmann N. (1998): Religion als Kommunikation. In: Tyrell H., Krech V., Knoblauch H. (Hrsg.).: Religion als Kommunikation. Würzburg: Ergon, S. 135-145
- MAK (Hrsg.) (2017): Türkiye´de toplumun dine ve dini degerlere bakisi. Ankara: MAK
- Mardin, Ş. (1997): Anmerkungen zu normativen Konflikten in der Türkei. In: Berger, P. L. (Hrsg.): Die Grenzen der Gemeinschaft. Gütersloh: Bertelsmann Stiftung, S. 355-397
- Mardin, Ş. (2003): Reflections on Said Nursi´s Life and Thougt. In: Abu-Rabi, I. (Hrsg.): Islam at the Crossroads. On the Life and Thought of Bediüzzaman Said Nursi. New York: State University of New York Press, S. 45-50
- Mead G. H. (1968): Geist, Identität und Gesellschaft. Frankfurt am Main: Suhrkamp:
- Mihciyazgan, U. (1994): Die religiöse Praxis muslimischer Migranten. Ergebnisse einer empirischen Untersuchung in Hamburg. In: Lohmann, I., Wolfram, W. (Hrsg.): Dialog zwischen den Kulturen. Erziehungshistorische und religionspädagogische Gesichtspunkte interkultureller Bildung. Waxmann: Münster, S. 195-206

- Muslim (2014): Sahih-i Muslim. Istanbul: İrfan Yayınevi
- Nawawi, A. (1999, 2002): Riyad us-Salihin. Gärten der Tugendhaften. München: SKD Bavaria
- Nursi S. (1978): Divan-ı Harb-i Örfi. Istanbul: Sözler
- Nursi S. (1995): Hutbe-i Şamiye. Istanbul: Yeni Asya
- Nursi, S. (1999): Miftahü'l-İman. Istanbul: Yeni Asya
- Nursi, S. (2000a): Asa-yı Musa. Istanbul: Yeni Asya
- Nursi, S. (2000b): Sikke-i Tasdik-i Gaybi. Istanbul: Yeni Asya
- Nursi S. (2000c): Mesnevi-i Nuriye. Istanbul: Yeni Asya
- Nursi S. (2000d): Isaratü'l-I'caz. Istanbul: Yeni Asya
- Nursi S. (2001a): Tarihçe-i Hayat. Istanbul: Yeni Asya
- Nursi S. (2001b): Mektubat. Istanbul: Yeni Asya
- Nursi S. (2001c): Emirdağ Lahikası. Istanbul: Yeni Asya
- Nursi S. (2001d):: Kastamonu Lahikasi. Istanbul: Yeni Asya
- Nursi S. (2001d): Sözler. Istanbul: Yeni Asya
- Nursi S. (2002): Die Worte. Istanbul: Sözler
- Nursi, S. (2003): Briefe. Ulm: Vfjh e.V.
- Nursi S. (2004): Signs of Miraculousness. The Inimitability of the Qur'an's Conciseness. Istanbul: Sözler
- Nursi (2011): Harmonie des Lichts. Köln: Vfjh e.V.
- Nyiri, Z.: Muslims in Berlin, London and Paris: Bridges and Gaps in Public Opinion, 2007

140

- OSF (Open Society Foundations) (Hrsg.) (2010): Muslime in Europa. London: Open Society Foundation:
- Robert Koch Institut (2008): Schwerpunkt der Gesundheitsberichterstattung des Bundes. Migration und Gesundheit. Gesundheitsberichterstattung des Bundes. Berlin: Robert Koch Institut
- Safa, M. (2018): İslami bir sosyolojinin kaynak ve kabiliyeti. In: Universal Journal of Theology 3 (3), S. 193-202
- Şahinöz, C. (2011): Der deutsche Islam. 3. Auflage. Norderstedt: BOD
- Şahinöz C. (2016a): Salafismus. Extremismus und Fanatismus verstehen und handeln. Norderstedt: BOD
- Şahinöz C. (2016b): Die Gülen Bewegung - Religionsgemeinschaft oder Geheimbund? Norderstedt: BOD
- Şahinöz, C. (2018): Seelsorge im Islam. Theorie und Praxis in Deutschland. Wiesbaden: Springer VS
- Şahinöz C. (2019): Die Nurculuk Bewegung. Entstehung, Organisation und Vernetzung. 4. Auflage. Norderstedt: BOD
- Şahinöz C. (2020a): Kalbinizle yaptığınız her şey, size geri dönecektir. Istanbul: Kitap Arası
- Şahinöz, C. (2020b): Leben und Arbeiten mit türkischen, arabischen und muslimischen Familien. Ein einfühlsamer Ratgeber. 3. Auflage. Norderstedt: BOD
- Şahinöz, C, Altiner A. (Hrsg.) (2018): Islamische Seelsorge bei Said Nursi. Norderstedt: BOD
- Schäfers, B. (1986): Grundbegriffe der Soziologie. 2. verb. Auflage. Opladen: Leske + Budrich

- Schieder, W. (Hrsg.) (1986): Volksreligiosität in der modernen Sozialgeschichte. Göttingen: Vandenhoeck & Ruprecht
- Schiffauer, W. (1984): Religion und Identität. Eine Fallstudie zum Problem der Reislamisierung bei Arbeitsmigranten. In: Schweizerische Zeitschrift für Soziologie 10, S. 485-517
- Schiffauer, W. (1998): Ausbau von Partizipationschancen islamischer Minderheiten als Weg zur Überwindung des islamischen Fundamentalismus? In: Bielefeldt, H., Heitmeyer, W. (Hrsg.): Politisierte Religion. Ursachen und Erscheinungsformen des modernen Fundamentalismus. Frankfurt am Main: Suhrkamp, S. 418-437
- Schiffauer, W. (2000): Die Gottesmänner. Türkische Islamisten in Deutschland. Frankfurt am Main: Suhrkamp
- Schiffauer, W. (2003): Muslimische Organisationen und ihr Anspruch auf Repräsentativität: Dogmatisch bedingte Konkurrenz und Streit um Institutionalisierung. In: Escudier, A. (Hrsg.): Der Islam in Europa. Der Umgang mit dem Islam in Frankreich und Deutschland. Göttingen: Wallstein, S. 143-158
- Schiffauer, W. (2004): Die Islamische Gemeinschaft Milli Görüş – ein Lehrstück zum verwickelten Zusammenhang von Migranten, Religion und sozialer Integration. In: Bade, K., Bommes, M., Münz, R. (Hrsg.): Migrationsreport 2004. Fakten-Analysen-Perspektiven. Frankfurt am Main, New York: Campus, S. 67-96

- Schiffauer, W. (2010): Nach dem Islamismus. Die Islamische Gemeinschaft Milli Görüs. Eine Ethnographie. Berlin, Suhrkamp
- Schimmel A. (1995): West-östliche Annäherungen. Europa in der Begegnung mit der islamischen Welt. Stuttgart: Kohlhammer
- Schindler, T. O. (2001): Konflikte um katholische Volksfrömmigkeit in Deutschland im 19. Jahrhundert. München: Grin Verlag
- Schütz, A. (1972): „Der Fremde" und „Der Heimkehrer". In: Schütz, A. (Hrsg.): Gesammelte Aufsätze. Band 2: Studien zur soziologischen Theorie, S. 53-84. Den Haag: Nifhoff
- Schariati, A. (1980): İslam Sosyolojisi Üzerine. Istanbul: Düşünce Yayınları
- Seufert, G. (1997a): Alltagsreligiosität. Ausmaß und Tendenzen der Veränderung. In: Seufert G. (Hrsg.): Politischer Islam in der Türkei. Islamismus als symbolische Repräsentation einer sich modernisierenden muslimischen Gesellschaft. Istanbul, Stuttgart: Ergon
- Seufert G. (1997b): Politischer Islam in der Türkei. Istanbul: Franz Steiner Verlag
- Seufert, G. (1999a): Die Türkisch-Islamische Union der türkischen Religionsbehörde (DİTİB). Zwischen Integration und Isolation. In: Seufert, G., Waardenburg, J. (Hrsg.): Turkisch Islam and Europe. Türkischer Islam und Europa. Istanbul, Stuttgart: Ergon, S. 261-293
- Seufert, G. (1999b): Die Milli-Görüş-Bewegung. Zwischen Integration und Isolation. In: Seufert, G., Waardenburg, J. (Hrsg.): Turkisch Islam and Europe. Türkischer Islam und Europa. Istanbul, Stuttgart: Ergon, S. 295-322

- Şeybani (2013): Dschamiu´s Sagir. Istanbul: Ocak Yayıncılık
- Sezen, Y. (1994): İslam Sosyolojisine Giriş. Istanbul: Turan Kültür Vakfı Yayınları
- Simmel, G. (1908): Exkurs über den Fremden. In: Simmel, G: (Hrsg.): Soziologie. Untersuchungen über die Formen der Vergesellschaftung, S. 509-512. Leipzig: Duncker & Humblot Verlag
- Simmel, G. (1989): Gesammelte Schriften zur Religionssoziologie. Band 18. Berlin: Duncker & Humblot
- Simmel, G. (1992): Gesamtausgabe. Aufsätze und Abhandlungen 1894 bis 1900. Band 5, Frankfurt am Main: Suhrkamp
- Stolz, F. (1988): Grundzüge der Religionswissenschaft. Göttingen: Vandenhoeck & Ruprecht
- Strauss A. (1956) (Hrsg.): George Herbert Mead on Social Psychology. Chicago: University of Chicago Press:
- Subaşı, N. (2014): Din Sosyolojisi. Istanbul: Değerler Eğitimi Merkezi Yayınları
- Subaşı, N. (2015): Türkiye´de din, dini toplumsallıklar ve din sosyolojisi. In: Sosyoloji Konferansları. No: 52 (2015-2), S. 391-418
- Tabarani (1978): Al-Muʿjam. Bagdad: Al-Dar al-ʿArabiyah lil-Tibaʿah
- Takim A. (2016): „Und meine Barmherzigkeit umfaßt alle Dinge" (Koran 7,156): Das islamische Menschenbild und die Seelsorge im Islam. Vortrag am 18.02.2016 auf der Deutschen Islam Konferenz
- Tirmidhi (1981): Sünenü't-Tirmidhi. Istanbul: Çağrı Yayınları

- Troeltsch, E. (1923): Gesammelte Schriften. Die Soziallehren der christlichen Kirchen und Gruppen. 1. Band. Tübingen: J. C. B. Mohr (Paul Siebeck)
- Tuncay, M. (2010): Wettbüro statt Teestube. Glücksspiel bei Migranten aus dem orientalischen Kulturraum. In: Konturen. Fachzeitschrift zu Sucht und sozialen Fragen, 5, 2010. Im Internet: http://www.konturen.de/NEU_pages/archiv/2010/05 10/0510_leseprobe.php
- Utermann, C. (1995): Türkischer Islam in Deutschland. Hamburg: DPA
- Ülken, H. Z. (1966): Türkiyede Çağdaş Düşünce Tarihi. Band 1. Konya: Selçuk
- Yavuz, H. (2004): Die Renaissance des religiösen Bewusstseins in der Türkei: Nur-Studienzirkel. In: Göle, N., Ammann, L. (Hrsg.): Islam in Sicht. Der Auftritt von Muslimen im öffentlichen Raum. Bielefeld: Transcript, S. 121-146
- Waldenfels, H. (1987): Lexikon der Religionen. Freiburg Verlag im Breisgau: Herder
- Weber, M. (1972): Wirtschaft und Gesellschaft. Grundriss der verstehenden Soziologie. 5. revidierte Auflage. Tübingen: J. C. B Mohr (Paul Siebeck)
- Weber M. (1995): Schriften zur Soziologie. Ditzingen, 1995. Reclam
- Weber M. (2005): Die protestantische Ethik und der Geist des Kapitalismus. Erftstadt: Area

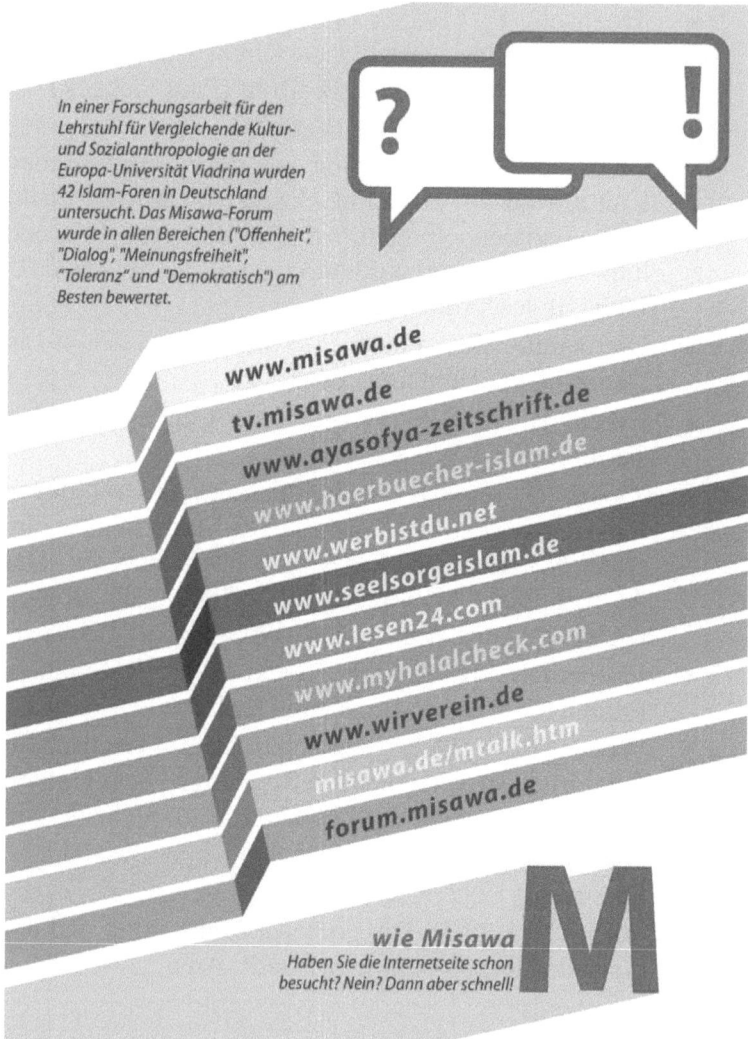

In einer Forschungsarbeit für den Lehrstuhl für Vergleichende Kultur- und Sozialanthropologie an der Europa-Universität Viadrina wurden 42 Islam-Foren in Deutschland untersucht. Das Misawa-Forum wurde in allen Bereichen ("Offenheit", "Dialog", "Meinungsfreiheit", "Toleranz" und "Demokratisch") am Besten bewertet.

www.misawa.de

tv.misawa.de

www.ayasofya-zeitschrift.de

www.hoerbuecher-islam.de

www.werbistdu.net

www.seelsorgeislam.de

www.lesen24.com

www.myhalalcheck.com

www.wirverein.de

misawa.de/mtalk.htm

forum.misawa.de

wie Misawa
Haben Sie die Internetseite schon besucht? Nein? Dann aber schnell!

M

Zum Autor

Dr. Cemil Şahinöz (Soziologe, Religionspsychologe, Familienberater, Integrationsbeauftragter, geboren 1981) ist Gründer und Chefredakteur der Zeitschrift "Ayasofya". Er hat verschiedene Bücher übersetzt und verfasst. Sein erstes Buch schrieb er mit 15 Jahren und mit 16 Jahren brachte er seine erste monatliche Zeitschrift heraus. Sein Aufsatz "Situation der türkischen Familien in Europa" wurde 2006 von Diyanet (DİTİB) zum "Besten Aufsatz des Jahres" gewählt. Zu verschiedensten Themen macht er Vorträge, Seminare, Fortbildungen, Konferenzen und Workshops. Er ist in verschiedenen Zeitungen und Zeitschriften als Journalist und Kolumnist tätig. Als Journalist begleitete er den deutschen Bundespräsident Christian Wulff und den türkischen Staatspräsidenten Abdullah Gül bei ihrem Osnabrück-Besuch. Şahinöz moderierte den Podcast "Misawa Talk". Hauptberuflich ist er in der Integrationsagentur und Familienberatung tätig. Nebenbei ist er in der türkischen Glücksspielsuchthotline tätig. In der Vergangenheit arbeitete er als Lehrer, Projektmanager, Seelsorger für muslimische Häftlinge, Übersetzer, Editor und Leiter von pädagogischen Angeboten. Seine Webseite (www.misawa.de) wurde unter 42 deutschen Islamseiten in den Bereichen "Offenheit", "Dialog", "Meinungsfreiheit", "Toleranz" und "Demokratisch" in einer Forschungsarbeit an einer Universität am besten bewertet. Als Dank und Auszeichnung für sein Engagement im Bereich Integration wurde er von Bundeskanzlerin Dr. Angela Merkel empfangen und seine Arbeit auf diesem Gebiet gelobt. Şahinöz traf sich u.a. auch mit dem muslimischen Berater von Barack Obama, Rashad Hussain, und gab ihm Informationen über die Muslime und ihren Organisationen in Deutschland. Der AIB (Europäischer Arbeitgeber und Akademiker Verbandes NRW) verlieh ihm im Juni 2011 den "Akademiker- und Integrationspreis." In der Focus Ausgabe Nr. 39 (19.09.2015) wurde er als einer der intellektuellen, muslimischen Jugendlichen in Deutschland vorgestellt und als "Seelsorger" betitelt. Şahinöz ist zu dem Vorsitzender des Bündnis Islamischer Gemeinden (Dachverband der muslimischen Einrichtungen in Bielefeld) und Gründungsmitglied, Generalsekretär und ehemaliger Vorsitzender der European Risale-i Nur Association (Dachverband der Nurculuk Bewegung in Europa).

Kontakt: cemil.sahinoez@gmx.de, www.misawa.de, http://twitter.com/Cemil_Sahinoez https://www.facebook.com/CemilSa http://instagram.com/cemilshnz https://www.youtube.com/user/Cemil4000